Caesar Seligmann

Das Buch der Weisheit des Jesus Sirach (Josua ben Sira)

In seinem Verhältniss zu den salomonischen Sprüchen und seiner historischen Bedeutung

Caesar Seligmann

Das Buch der Weisheit des Jesus Sirach (Josua ben Sira)
In seinem Verhältniss zu den salomonischen Sprüchen und seiner historischen Bedeutung

ISBN/EAN: 9783743488236

Hergestellt in Europa, USA, Kanada, Australien, Japan

Cover: Foto ©Lupo / pixelio.de

Manufactured and distributed by brebook publishing software (www.brebook.com)

Caesar Seligmann

Das Buch der Weisheit des Jesus Sirach (Josua ben Sira)

Das Buch der Weisheit des Jesus Sirach
(Josua ben Sira)
in seinem Verhältniss zu den salomonischen Sprüchen und seiner historischen Bedeutung.

Inaugural-Dissertation

verfasst

und der

Philosophischen Facultät der Vereinigten Friedrichs-Universität

Halle-Wittenberg

zur

Erlangung der Doctorwürde

vorgelegt

von

Caesar Seligmann.

Halle a. d. Saale.
1883.

Meinem theuern Vater

als Zeichen

kindlicher Liebe und Dankbarkeit

gewidmet.

Einleitung.

Eine kleine Schaar babylonischer Exulanten zog unter Serubabels Führung zurück nach dem gelobten Lande. Wie ganz anders war der erste Einzug gewesen! Damals ein starkes Volk von über 600,000 kriegstüchtigen Männern, jetzt ein verschwindendes Häuflein, 42,000 Köpfe zählend, damals den Auszug aus dem Lande, das es zum Sklaven machte, sich ertrotzend, jetzt abhängig von der Laune des persischen Königs, damals wie ein Löwe frei in der Wüste streifend, Schrecken überall hin tragend, wo es auftrat, jetzt scheu ein unterdrücktes Volk noch in der Freiheit. Aber trotz alles Schlagschattens, den eine noch weiter fortgesetzte Parallele auf den jetzigen Auszug werfen würde, ein Kleinod brachte Israel mit aus dem Exil, werthvoller als Macht und Stärke, glänzender als Freiheit. Aus dem Schutte des verbrannten Tempels hatte es sein heiliges Gesetz gerettet, aus dem Kerker der Gefangenschaft brachte es mit die glühenden Worte seiner Propheten. Und das unsägliche Elend hatte Israel geläutert. Nun wahrte es seinen kostbaren Schatz mit Argusaugen, alle Einrichtungen, die es traf, galten, ihm gemäss zu leben, sein Schriftthum bewegte sich fast einzig in dem engen Rahmen der Erklärung und Deutung, der Erweiterung und Begrenzung seiner heiligen nationalen Literatur. Dieses Aufgehen in den religiösen Schriften der Vorzeit, dieses Leben peinlich angepasst den religiösen Vorschriften und Satzungen, liessen zwar Israel keine Zeit, politisch heranzureifen und zu er-

starken, um so mehr aber, innerlich sich zu festigen, einen
sichern Halt zu gewinnen und einen klaren Lebensinhalt
und Lebensberuf zu erkennen in der Ausbildung der Gottes-
lehre. Mehr denn je galt jetzt das Wort des heidnischen
Propheten: הן עם לבדד ישכן ובגוים לא יתחשב Siehe ein Volk
gesondert wohnt es, nicht zu den Völkern lässt es sich
rechnen. Darum vermochte auch der Sturm, der durch
Alexanders gewaltigen Kriegszug über Asien hereinbrach
und griechische Sitte und Kultur mit sich führte, die bald
ihren mächtig herrschenden Einfluss auf Asiens Völker
geltend machte, Israels Volksthümlichkeit, seine Kultur,
seine Religion nicht zu verwehen. Bald unter ägyptisch
ptolemäischer bald unter seleucidischer Oberhoheit, selbst
ein Zankapfel zwischen beiden Reichen und oft der Schauplatz der erbittertsten Kämpfe, flüchtete es zurück in die
Stille seines nationalen Heiligthumes. Erst als es da angegriffen
ward, erst als ein gewaltthätiger Fürst auch sein Heilig-
thum entweihte, raffte es sich auf und kämpfte für dieses,
und durch diesen Kampf aus seiner Stille aufgescheucht,
herausgetreten auf den öffentlichen Schauplatz der Ereignisse, erkämpfte es sich bald nicht nur ungestörte Religions-
übung, sondern Freiheit, Selbstständigkeit, geachtete politische Stellung.

Das sind die kurzen Umrisse der Geschichte von vier
Jahrhunderten. Wer näher auf die in diese Periode fallen-
den Ereignisse und Umgestaltungen in der Geschichte des
Volkes Israel eingehen wollte, der würde sich in ähnlicher
Lage befinden, wie ein Baumeister, der ohne Bausteine ein
Gebäude aufführen wollte. Es fehlen aus dieser Zeit fast
alle literarischen Denkmäler und geschichtlichen Nachrichten.
Ausser einigen in Talmud und Midrasch zerstreut sich vorfindenden Notizen ist der Geschichtsforscher fast einzig auf
die kurz gedrängte Uebersicht der Hauptereignisse bei Josephus angewiesen, dessen Angaben von zahlreichen Irr-
thümern nicht frei sind. Einzelne Stücke aus dem Hagiographenkanon fallen wohl auch in den Anfang dieser Periode.
Aber abgesehen von der Unmöglichkeit, ihre Zeit mit Ge-

wissheit zu fixiren, geben sie dem Geschichtsschreiber nur wenig geschichtlichen Stoff an die Hand. Und doch wäre nichts falscher, als die Annahme, dass diese Zeit arm an literarischen Erzeugnissen gewesen sei. Am Schlusse des Buches Kohelet, dessen Zeit freilich schwer zu bestimmen ist, das die meisten Ausleger jedoch in diese Periode setzen, findet sich eine Stelle, die gegen Vielschreiberei eifert: עשות ספרים הרבה אין קץ des vielen Büchermachens ist kein Ende. Wo sind diese Bücher alle hingekommen? Unschwer ist die Antwort darauf. Die Kriege unter Antiochus, Titus und Hadrian, die Zerstreuung des Volkes, die fanatische Wuth, mit der man auf Vernichtung der nationalen Literatur ausging, trägt wohl die Schuld an dem Verluste der meisten schriftstellerischen Denkmäler jener Zeit.[1]

Nur ein grösseres Werk, das mit ziemlicher Gewissheit in jene Zeit zu verlegen ist, hat sich aus diesem allgemeinen Untergange gerettet und gewährt durch seinen Reichthum an werthvollen Bemerkungen und Andeutungen einen tiefen Einblick in die religiösen, geschichtlichen und Kulturverhältnisse seiner Zeit. Es ist dies das dem salomonischen Spruchbuch nachgebildete **Buch der Weisheit des Josua Sohn Sirachs**,[2] oder wie nach Hierony-

---

[1] s. Zunz, Gottesdienstliche Vorträge, pag. 40 u. 34.

[2] Zur Aufschrift vgl. Fritzsche, kurzgefasstes exegetisches Handbuch zu den Apocryphen des alten Testamentes V. Die Weisheit Jesus' Sirachs pag. XVIII ff. — Zunz, a. a. O. pag. 101 Anm. a. — Delitzsch, Zur Geschichte der jüdischen Poesie pag. 198. — Der ursprüngliche Name des Verfassers ist wohl יהושע בן סירא Josua ben Sira, wie aus vielen Stellen des Talmud (vgl. u.) hervorgeht. Die Peschito nennt ihn ישוע בר שמעון אסירא, die Septuaginta Σειράχ, und die alte lateinische Uebersetzung Sirach, welcher Name sich denn überall eingebürgert hat. Dass der vom Talmud erwähnte Ben Sira mit Sirach identisch sei, braucht heute nicht mehr bewiesen zu werden (s. dar. Horowitz in der Monatsschrift für Geschichte und Wissenschaft des Judenthums, herausgegeben von Frankel 1865 pag. 181 ff.). Aus späterer, nicht genau zu bestimmender Zeit datirt der sogenannte kleine Ben Sira, über dessen Verhältniss zu dem ältern Sirach viel geschrieben worden ist (vgl. Jul. Fürst הרוי פניכם pag. 22 f. u. pag. 112 f. — Delitzsch a. a. O. u. pag. 204.

mus[1]) der Titel des ursprünglich hebräisch[2]) geschriebenen Buches lautete משלים. Die genaue Bestimmung seiner Abfassungszeit ist für die vorliegende Arbeit von so grosser Wichtigkeit, dass es bei der grossen Meinungsverschiedenheit, in der sich die Ausleger und Bearbeiter des Buches Sirach befinden, als unabweisbar erscheint, eine auf die Quellen zurückgehende alle Gründe für und gegen die eine oder die andere Ansicht prüfende Untersuchung aufs neue anzustellen.

Ein sicheres Datum gibt die Vorrede zur griechischen Uebersetzung an die Hand. Dort sagt der Uebersetzer, er sei im 38. Jahre unter König Euergetes nach Aegypten gekommen. Der Einwand, der von einigen erhoben wurde, dass das ἐπί, welches sich im griechischen Texte befindet, nicht auf die Regierungszeit des Euergetes ginge,[3]) ist schon gehörig zurückgewiesen und der gleiche Gebrauch von ἐπί

—. Dukes, Rabbinische Blumenlese pag. 31). Dieser kleine Ben Sira besteht aus zwei Alphabethen, einem chaldäischen und hebräischen; vom chaldäischen stimmen vier Sprüche, von dem hebräischen nur zwei mit Sirach überein; ausser den beiden Alphabethen enthält das Büchlein noch in Form eines פירוש zu dem ersten Alphabeth Legenden und sagenhafte Erzählungen, deren Stil und ganze Art den älteren Midraschim nahe kommt. Das hebräische Alphabeth ist aus Sprüchen zusammengesetzt, welche der Talmud dem älteren Ben Sira (mit Ausnahme von zweien fälschlich) zuschreibt. Es fingirt ein Gespräch zwischen dem jungen Ben Sira und seinem Lehrer, von denen der letztere durch irgend welche oft nur gezwungen in den Zusammenhang passende Redensarten den Schüler darauf bringt, mit diesen alphabethischen Sprüchen zu antworten. Gleich im Anfang finden sich zwei Sprüche aus פרקי אבות (5, 24 u. 2, 20), was Fürst (a. a. O.) wie es scheint übersehen hat, da er die Entstehungszeit beider Alphabethe ausdrücklich in eine Zeit versetzt, da Aboth noch nicht zusammengesetzt war.

[1]) Präfatio in libros Salomonis: Fertur et Panäretos Jesu filii Sirach liber et alius pseudepigraphus, qui sapientia Salomonis inscribitur. Quorum priorem Hebraicum reperi: non Ecclesiasticum, ut apud Latinos, sed parabolas praenotatum.

[2]) Nicht aramäisch, vgl. Horowitz a. a. O. pag. 181 f.

[3]) Winer, Biblisches Realwörterbuch Art. Sirach. — Vaihinger in Herzogs Reallexicon Art. Sirach. — Jahn, Einleitung in das alte Testament IV pag. 926 ff. u. and.

in der Septuaginta nachgewiesen worden.¹) Auch die Frage, wer unter Euergetes zu verstehen sei, kann als erledigt betrachtet werden. Denn nur Euergetes II. Physkon regierte mehr als 38 Jahre, da er seine Regierungszeit nicht erst seit dem Todesjahre seines Brudes Philometer 145, sondern seit 170, dem Anfangsjahr ihrer gemeinschaftlichen Regierung datirte.²) Demnach ergibt sich als das 38. Jahr seiner Regierung das Jahr 132. Nun nennt der Uebersetzer in der obengenannten Vorrede den Josua Sirach seinen Grossvater. Rechnet man also zwei Menschenalter zu dem Jahre 132 hinzu, so ergibt sich als Lebenszeit Sirachs etwa das Jahr 190. Mehrere Ausleger, denen dieses Zeitergebniss nicht passte, und die doch mit der Angabe πάππος zu rechnen hatten, halfen sich mit der Ausflucht, πάππος bedeute auch Urahn, wofür sie Belegstellen aus griechischen Klassikern beibringen.³) Nun ist es freilich wahr, dass πάππος auch Urahn bedeutet; aber nur an solchen Stellen, wo dies der Zusammenhang unmittelbar erkennen lässt.⁴) Somit ist dieser Einwand nichtig.

Ein zweites Datum für die Abfassungszeit lässt sich aus dem Buche selbt entnehmen. Bei dem Ueberblick über die bedeutendsten Persönlichkeiten der Geschichte Israels

---

¹) Von Fritzsche a. a. O. pag. XIII; Herzfeld, Geschichte des Volkes Israel III² pag. 74.

²) Das bezeugt Porphyrius in Eusebius' Chronik: μετακληθεὶς ἐκ Κυρήνης ὁ Εὐεργέτης καὶ βασιλεὺς ἀναγορευθεὶς τὰ ἔτη αὐτοῦ ἀναγράψει. οὗ οὐ πρῶτον βασιλεὺς ἐνομίσθη, ὡς δοκεῖν μετὰ τὴν τοῦ ἀδελφοῦ τελευτὴν ἄρξαντα αὐτὸν ἔτεσιν εἴκοσι πέντε ἀνατιθέναι ἑαυτῷ τέσσαρα καὶ πεντήκοντα κ. τ. ε. vgl. Freudenthal, hellenistische Studien pag. 213 f.

³) So Horowitz a. a. O. pag. 310. Auch bei Ewald, Geschichte des Volkes Israel IV² p. 310 Anm. 1 und Graetz, Monatsschrift 1857 pag. 47 Anm. 1 finden sich Andeutungen dieser Art, ohne dass die beiden letztgenannten näher auf die Sache eingingen.

⁴) Im thesaurus graecae linguae von Stephanus werden folgende drei Beispiele angeführt: ὃς οὔτε εἰς τρίτον πάππον ἀνενεγκεῖν ἔχειτο γένος (Dion. A. R. 4, 47); ὅτι πάππων καὶ προγόνων μυριάδες ἑκάστῳ γεγόνασιν ἀναρίθμητοι (Plato, Theaet. p. 175 A.) ἐπὶ πάππους δύο ἢ τρεῖς ἢ πλείους (Arist. pol. 3, 19).

feiert Sirach am Schlusse Simon, Sohn des Onias, und zwar mit solcher Anschaulichkeit und Lebendigkeit, dass es als unabweisbar erscheint, ihn für einen jüngern Zeitgenossen Simons zu halten.[1]) Wer war nun dieser Simon? Es gab zwei Hohepriester dieses Namens, beide Söhne eines Onias. Jedenfalls liegt es nach dem vorausgehenden am nächsten, an einen Simon zu denken, der ungefähr ums Jahr 200 lebte. Nun fungirte Simon der Zweite nach Josephus und den übrigen Quellen von circa 220—198.[2]) Auch das dritte Makkabäerbuch erwähnt einen Simon als Zeitgenossen Antiochus des Grossen (224—187).[3]) Welcher Grund steht nun entgegen, diesen Simon ohne weiteres als den von Sirach gefeierten zu betrachten? Kein anderer, als die bis vor kurzem als unbestritten hingenommene Thatsache, dass Simon I., der Grossvater Simon II., den Beinamen „der Gerechte" führe. Denn, sagte man sich, könnte Sirach einen Mann von solcher Bedeutung, dass ihm die Nachwelt den Beinamen „der Gerechte" gab, übergangen und einen

---

[1]) Das nehmen auch alle Ausleger an, bis auf Graetz. Einen stringenten Beweis gibt es natürlich hierfür nicht, da es dabei mehr auf das subjektive Gefühl ankommt. Graetz (Monatsschrift 1872 pag. 114) führt an, das Sirach den Aaron mit nicht weniger anschaulichen Farben malt, als Simon. Es ist aber doch ein Unterschied zwischen einer wohl belebten Schilderung von Gewändern, die meist dem Pentateuch entnommen ist, und der anschaulichen Beschreibung der vollständigen Amtsfunktion des Hohepriesters, die durch enthusiastische Ausrufe der Bewunderung oft unterbrochen wird. Auch wäre der Raum, der der Schilderung des Simon gegönnt ist, im Vergleich mit anderen bedeutenderen Männern viel zu gross, um nicht zur Annahme zu führen, dass er in ihm einen Zeitgenossen gefeiert habe. Auch die Bemerkung von Horowitz (a. a. O. pag. 101 ff.), dass des Ausdruck „in seinem Leben" (Sir. 50, 1) für Autopsie spreche, da er so viel bedeute als: „ja da er noch am Leben war, jetzt ist er todt," hat vieles für sich.

[2]) Josephus, Antiquitäten XII, 4, 10; vgl. Herzfeld a. a. O. II pag. 374 ff.: Ueber das Zeitalter der Hohepriester von Jaddua ab. — Ewald a. a. O. pag. 305.

[3]) s. u. pag. 10.

viel unbedeutenderen Hohepriester gefeiert haben?¹) Dieser Grund war denn auch bestimmend für einige, das Wort πάππος in der griechischen Vorrede mit Urahn zu übersetzen,²) für andere die Gleichzeitigkeit Sirachs mit Simon zu läugnen.³) Aber alle die Bedenken würden schwinden, wenn zu erhärten wäre, dass nicht Simon I., sondern Simon der II. den Beinamen des Gerechten führe.⁴)

Eine sicherlich ungetrübte Nachricht über Simon den Gerechten hat sich in dem פרקי אבות Sprüche der Väter betitelten Traktate der Mischna erhalten. Dort (I, 2) heisst es: שמעון הצדיק היה משירי כנסת הגדולה Simon der Gerechte

---

¹) Am leichtesten machten es sich freilich diejenigen, welche diesen Einwand gar nicht beachteten. Fritzsche (a. a. O. pag. XVII), der annimmt, dass Simon I. den Beinamen „der Gerechte" führt, sagt einfach: „Der ehrliche Simon I. wird darum übergangen sein, weil überhaupt nur die hervorragendsten Persönlichkeiten Erwähnung fanden." Warum wird aber der nach Fritzsche's Ansicht noch viel weniger hervorragende Simon II. so hoch gefeiert? Nur als Zeitgenosse? Dann war aber auch der „ehrliche" Simon, dem die Nachwelt den Beinamen „der Gerechte" gab, noch etwas mehr als ehrlich (s. Horowitz a. a. O. pag. 101 ff. u. pag. 8 f.).

²) s. o. pag. 5 u. Anm. 4.

³) So besonders Graetz, Monatsschrift 1872 pag. 114, über dessen Ansicht s. u. pag. 11.

⁴) Das nehmen neuerdings an Krochmal, More Neboche hasman ² pag. 95 Anm. (abgedruckt auch Kerem chemed V pag. 65 Anm.); Zunz, a. a. O. pag. 32 u. 36; Herzfeld a. a. O. pag. 374 ff.; Cassel, Lehrbuch der jüdischen Geschichte und Literatur pag. 30 f.; Delitzsch a. a. O. pag. 20; Holtzmann in Bunsens Bibelwerk VII pag. 8 u. 146; Derenbourg, essai sur l' histoire et la géographie de la Palestine I pag. 44 ff.; Schürer, der in seinem „Lehrbuch der Neutestamentlichen Zeitgeschichte" (Leipzig 1874) zur Ansicht neigt, Simon I. habe den Beinamen des Gerechten geführt, nimmt neuerdings ebenfalls an, der von Sirach gepriesene sei der zweite dieses Namens gewesen, ohne sich freilich darüber zu äussern, ob letzterer auch den Beinamen „der Gerechte" geführt habe (Herzog und Plitt's Real - Encyclopädie I pag. 510 Art. Apocryphen). Jedenfalls kann sich Wright (the book of Kohelet etc. Cap. II; vgl. u. pag. 20 Anm. 2) darum nicht auf Schürers Autorität berufen, wenn er Simon I. als den von Sirach gepriesenen erweisen will; Geiger, Urschrift pag. 29 f. ist unentschieden.

gehörte zu den Ueberresten der grossen Versammlung.¹) Welchen Simon meint hier die Mischna, den ersten oder zweiten? Das Aufhören der synagoga magna bezeichnet doch gewiss einen grossen Wendepunkt in der innern Geschichte des Judenthums. Nun lebte der erste Simon zu Anfang des dritten Jahrhunderts, nach einer talmudischen Erzählung, der jedoch Josephus widerspricht, zur Zeit Alexanders des Grossen.²) Ist anzunehmen, dass zu der Zeit eine so bedeutende innere Wandlung vor sich ging?³) Viel wahrscheinlicher ist der Wendepunkt eingetreten zur Zeit des zweiten Simon, der an der Grenzscheide stand, hinter welcher die alte Sitteneinfalt und treue Anhänglichkeit an das Gesetz lag, und dem Ueberwuchern hellenistischer Kultur und Sittenverderbniss den Platz räumte.⁴) An verschiedenen Stellen schildert der Talmud den Glanz des Hohepriesterthums unter Simon dem Gerechten⁵) und fügt

¹) Ueber dieselbe vgl. Graetz, Monatsschrift 1857 pag. 64 ff.; Krochmal a. a. O.
²) s. Graetz, Monatsschrift 1857 pag. 47 Anm. 1 und Geschichte der Juden II b. pag. 235 Anm.; Herzfeld a. a. O.
³) Dies thut Frankel, Hodegetik pag. 30: מילי דאבות ראשון שמעון הצדיק היה משירי כנסת הגדולה מורים שהכנסת נתבטלה בימי שמ' ושנוי כזה בהנהגת האומה והמדינה לא נתהווה כי אם על ידי סבה גדולה פנימית או חיצונית הנוגעת לכלל האומה ומעמדה. והנה לפי הסיפור של קדמונינו ז"ל נמצאת הסבה בביאת אלכסנדר אשר הרעיש כל הארץ ושבר עו תפארת מלכות פרס והביא גם הארץ הקדושה תחת ממשלתו. (s. auch Frankel: Ueber alexandrinische und palästinensische Schriftforschung pag. 6.) Allein Alexanders Kriegszug hatte keine gewaltige Umwälzungen innerhalb Iudäas zur unmittelbaren Folge, vgl. Graetz, Gesch. II b. pag. 222 ff. u. p. 233 und folgende Anmerk.
⁴) s. Derenbourg a. a. O. pag. 47: La conquête de la Palestine par les Macedoniens n'avait, au debut, exercé aucune influence sensible sur la vie religieuse des Juifs; l' esprit grec s' infiltrait lentement dans les couches superieures de la Judée, et y produisit les ravages qu' on aperçoit seulement vers la fin de ce même siècle. L' histoire et la légende nous montrent, au contraire, Siméon le Juste, ce débris de la grande synagogue, vivant dans un temps extraordinaire, où les anciennes institutions s' écroulent, et où l' affaiblissement graduel du sentiment religieux dans le sacerdoce est puni par des signes visibles de la disgrâce divine.
⁵) Jer. Joma 5 b. 6 c. bab. Joma 9 a. 39 a. Mischnah Parah 3, 5. jer. Schekalim 4 b. u. öfters.

fast wehmüthig hinzu, dass mit seinem Tode dieser Glanz erloschen sei; die sichtbaren Gnadenzeichen Gottes im Tempel hätten aufgehört,[1]) und an zwei Stellen findet sich deutlich die ungemein interessante Notiz, wonach die Söhne Simons des Gerechten ausgeartet seien,[2]) was dem wirklichen Verlauf der Dinge genau entspricht. Ist es da zu verwundern, dass man ihm als dem letzten mannhaften Vertreter der alten gefeierten Richtung den Beinamen des Gerechten gab?[3]) Aber es gibt noch andere Umstände,[4]) die für diese Annahme sprechen. So der griechische Name seines Schülers Antigonos aus Socho und der Gebrauch von שמים[5]) für Sitz der Gottheit, der unbiblisch ist und dem griechischen οὐρανός nachgebildet zu sein scheint. Zur Zeit des ersten Simon aber war die griechische Kultur und Sprache noch nicht so tief in's israelitische Volksleben eingedrungen, dass es griechische Wörter und Eigennamen annahm. Ferner heisst es (Aboth I, 4), José ben Joëser und José ben Jochanan waren die Schüler beider vorgenannten (also von Antigonus und Simon dem Gerechten).[6]) Nun

---

[1]) Jer. Joma 6c. bab. Joma 39a. Thos. Sotah c. 15.
[2]) Bab. Menachoth 109b. jer. Joma 6c.
[3]) Auf diese Weise ist auch die Schwierigkeit beseitigt, welche S. Duran in seinem Commentar zu Aboth aufwirft: ולא נתפרש בשום מקום למה נתייחם בשם צדיק יותר משאר התנאים כי כולם היו צדיקים. Geiger, a. a. O. pag. 26 sucht die Schwierigkeit durch die Hypothe zu heben צדיק bedeute nicht „der Gerechte", sondern „der Zadokite", der Fürst aus dem Hause Zadok.
[4]) Für das folgende vgl. Krochmal a. a. O. Derselbe spricht an dieser Stelle noch von einem Manuscript, worin er ausser den folgenden noch einige unumstössliche Beweise für seine Ansicht erbracht haben will.
[5]) In einem Spruche Aboth I, 3 ויהי מורא שמים עליכם.
[6]) יוסי בן יועזר איש צרדה ויוסי בן יוחנן איש ירושלים קבלו מהם. Unmittelbar vorher war Antigonos aus Socho genannt; der Plural מהם beweist aber, dass neben Antigonos auch noch sein Lehrer Simon der Gerechte mitgemeint sei. Das ist die einfachste Auslegung. Anders Zunz a. a. O. pag. 37 Anm. c., welcher vor José ben Joëser und José ben Jochanan eine Lücke constatirt, die mit Zadok und Boöthos auszufüllen sei. — Graetz (Monatsschrift 1857 pag. 50) nimmt zwischen dem Paare José ben Joëser und José ben Jochanan eine Lücke von gleich vier Generationen

starb, wie anderweitig bekannt ist, José ben Joëser um's Jahr 160.¹) War er ein Schüler Simons des Gerechten, so musste dieser um's Jahr 200 gelebt haben. Noch ein Beweis lässt sich aus Sirach selbst entnehmen. Sirach hebt von Simon hervor, dass er Tempel und Stadt neu habe herrichten lassen. Wann soll das geschehen sein? Viele denken zwar hiebei an die Zeit Simons I. Aber wie viel näher liegt folgender Schluss. Bei Josephus ist von einem Brief die Rede, den Antiochus nach Jerusalem schickte, und worin die Wiederherstellung der Tempel- und Stadtmauern erwähnt wird. Dies geschah im Jahre 200 nach der Schlacht an den Jordansquellen, auf welche mehrere Jahre Ruhe folgte. Liegt es da nicht nahe, anzunehmen, dass Simon II. diese Zeit zur Wiederherstellung benutzt habe?²) Nebenbei sei auch noch erwähnt, dass das Breviarium von Philo Simon II. ausdrücklich „den Gerechten" nennt und berichtet, dass Antiochus der Grosse ihn mit Ehrenbezeugungen überhäuft habe.³) Das dritte Makkabäerbuch berichtet von ihm eine seltsame Wundergeschichte,⁴) die, wenn auch erfunden, jedenfalls dafür spricht, dass man sich unter Simon II. keinen unbedeutenden Menschen vorzustellen habe. Was wird nun gegen das Gewicht aller dieser Gründe von den Gegnern dieser Ansicht beigebracht?

---

an, indem er zu beweisen sucht, dass קבל auch von mittelbarer Diadoche gebraucht werde. Der ganze Beweis stützt sich aber darauf, dass auch zwischen José ben Joësers Tode und Simon ben Schetachs Funktion zu Alexander Jannai's Zeit mehr als eine Generation liege, also eine Lücke von mindestens einer Generation bestehe, während die Mischna die Diadoche auch durch קבלי מהם verbindet. Nimmt man jedoch an, dass Simon ben Schetach's Amtsfunktion 10 Jahre früher, als Graetz sie setzt, begonnen habe, und dass Josua ben Perachja und Nithai aus Arbela nicht 30 sondern einige 40 Jahre fungirt haben, so braucht קבל seine sonst überall bestätigte Bedeutung von unmittelbarer Nachfolge nicht zu verlieren.

¹) s. Graetz, Gesch. II b pag. 274 u. 369; Geiger, a. a. O. p. 64.
²) s. u. pag. 61 u. 63 f.
³) s. Graetz a. a. O. pag. 236 u. 250; Herzfeld a. a. O. II pag. 347 ff.
⁴) s. Graetz a. a. O. pag. 236 u. 250.

Einmal die Angabe des Josephus, welcher Simon I. ausdrücklich als den Gerechten bezeichnet.¹) Ist aber Josephus ein so sicherer Gewährsmann,²) und ist der Grund, den er für diese Benennung anführt, nicht gar so schwach und wenig stichhaltig? Sieht sich nicht der Vertheidiger der Angabe des Josephus genöthigt, gegen eine andere wichtige Stelle dieses Autors, die ebenfalls von Simon dem Gerechten handelt, gegründete Bedenken zu äussern?³) Sollte ein einziges Wort eines wie bekannt, sehr oft nicht zum besten instruirten Gewährsmannes die Wucht aller früher angeführten Beweise erschüttern, wo nichts für, alles gegen seine Ansicht spricht? Der zweite Einwand, den man gegen obiges Resultat erhoben hat, beruht auf einer ebenfalls auf einer Stelle des Josephus gegründeten Hypothese, die, selbst wenn ihre Richtigkeit auch zu erweisen wäre, dem oben gewonnenen Resultate wenig schaden würde.⁴)

Das Endergebniss dieser nothwendig etwas länger ausgedehnten Untersuchung ist demnach, dass **Sirach höchst wahrscheinlich ein jüngerer Zeitgenosse Simon II. des Gerechten gewesen sei und um das Jahr 190 gelebt habe.**

Ueber das Leben Sirachs ist fast gar nichts bekannt; die wenigen Notizen darüber finden sich in den verschiedenen Einleitungsschriften⁵) und Bearbeitungen⁶) des Buches zusammengetragen. Das gleiche gilt von dem allgemeinen

---

¹) Antiquitäten XII, 2, 5.
²) E. Schürer (Herzog u. Plitt's Real-Encyclopädie VII p. 110 Art. Josephus Flavius) schreibt über die Archäologie: Weit weniger sorgfältig (als die Geschichte des jüdischen Krieges) ist die jüdische Archäologie gearbeitet. Soweit wir hier seine Quellenbenutzung controliren können, ist sie nicht sehr vertrauenerweckend für das übrige.
³) Graetz, a. a. O. pag. 221 Anm. Monatsschrift 1857 pag. 48 Anm. 4.
⁴) s. u. pag. 57 Anm. 6.
⁵) Eine ziemlich vollständige Zusammenstellung der hauptsächlichsten über Sirach erschienenen Literatur findet sich in der 1881 erschienenen „Geschichte der heiligen Schriften alten Testamentes" von Reuss p. 549 ff.
⁶) s. u. pag. 17 f.

Charakter, der Grundsprache, der Zusammensetzung,[1]) dem späteren Ansehen des Buches in der Kirche und seiner Stellung im christlichen Kanon.[2]) Wichtiger und weniger klar gestellt ist sein Verhältniss zum Talmud. Oft schon ward die Frage aufgeworfen, warum gehört das Buch Sirach zu den Apocryphen, warum ist es nicht unter die kanonischen Schriften eingereiht? Verschieden lautete die Antwort, die man darauf gab. Nach der einen Ansicht trägt die Hauptschuld der Inhalt des Buches selbst, der oft den unter den Rabbinen herrschenden Anschauungen widerspreche.[3]) Nach der andern Ansicht liegt der Grund in seiner späten Abfassungszeit.[4]) Die einfachste und leichteste Erklärung wäre natürlich die Annahme, dass der Kanon vor der Entstehung Sirachs abgeschlossen gewesen sei.[5]) Als Hauptbeweis dafür führt man eine Stelle aus der Vorrede des griechischen Uebersetzers Sirachs an, worin die Rede ist vom Gesetz, den Propheten und den übrigen Schriften; die Erwähnung der übrigen Schriften soll den

---

[1]) vgl. Ewald, Jahrbücher der bibl. Wissenschaft I pag. 125 ff. Geschichte IV² pag. 300; dag. Bruch, Weisheitslehre der Hebräer pag. 274 Anm. 1.

[2]) s. bes. Bleek in „theol. Studien u. Kritiken 1853 pag. 267 ff. und Oehler in Herzogs Reallexicon Art. Kanon.

[3]) So Geiger in der Zeitschrift der DMG 1858 pag. 538 ff. (derselbe Aufsatz befindet sich auch in den nachgelassenen Schriften III p. 275 ff.) Geiger hebt besonders zwei Punkte hervor, die das Buch den Pharisäern unlieb machten, die Nichterwähnung der Lehre von der Auferstehung und die Vorliebe für den zadokitischen Priesterstamm. Um seine Ansicht zu begründen, zählt er eine Reihe von Abweichungen des syrischen vom griechischen Texte auf, die er für absichtliche Aenderungen hält.

[4]) s. Zunz, a. a. O. pag. 34; Joël, Blicke in die Religionsgeschichte (überhaupt für das folgende zu vergleichen) I pag. 71 ff.; Jost, Geschichte des Judenthums I pag. 312 führt beide Gründe an; vgl. auch Derenbourg a. a. O. pag. 50 Anm. 1.

[5]) s. Vaihinger: Zur Untersuchung über den Abschluss des alttestamentlichen Kanons in „theologische Studien und Kritiken" 1857, I pag. 93 ff. (ders. in Herzog Reallexicon Art. Sirach); Herm. L. Strack (in Herzog u. Plitt's Real-Encyclopädie VII pag. 423 ff. Art. Kanon des alten Testamentes) über dessen Ansicht vgl. u. pag. 14 Anm. 1.

Abschluss des Hagiographenkanons involviren.[1]) Diese Ansicht würde zweifellos ohne weiteres zu acceptiren sein, wenn nicht zwei Umstände hinzuträten, welche die Sache bedeutend erschweren. Denn einmal giebt es ein Buch, welches sicher später als Sirach geschrieben wurde, und doch zu dem Kanon gehört, das Buch Daniel.[2]) Dann finden sich in Talmud und Midrasch an circa 40 Stellen Sprüche aus Sirach citirt[3]) und zwar oft in einer Weise, die nur von Bibelstellen üblich ist,[4]) so dass sich der Gedanke

---

[1]) Die griechischen Worte lauten ὁ νόμος καὶ αἱ προφητεῖαι καὶ τὰ λοιπὰ τῶν βιβλίων. Dass es andere Bücher gegeben hat, fällt Niemandem ein zu läugnen, nur dass der Kanon dieser anderen Bücher definitiv festgestanden habe. Der Uebersetzer hat auch gar keinen bestimmten Namen für diese Bücher; denn weiter oben sagt er τῶν ἄλλων βιβλίων und τῶν ἄλλων τῶν κατ' αὐτοὺς ἠκολουθηκότων. Warum nennt er sie nicht ἁγιόγραφα? s. Hitzig, Psalmen II pag. 118; Fraukel, Vorstudien zur Septuaginta (pag. 21 Anm.) zweifelt überhaupt an der Echtheit der Vorrede.

[2]) Ueber dasselbe vgl. bes. Bleek, Einleitung in das alte Testament⁴ pag. 462 ff. u. Jahrbücher für deutsche Theologie 1860 pag. 45 f.

[3]) Schon in alter Zeit wurden einzelne dieser Sprüche zusammengestellt, so von Asaria de Rossi in Meor Enajim (Wien 1829) fol. 43 b ff. und von David Gans in Zemach David (Fürth 1805) fol. 16 a f.; in jüngerer Zeit von Jehuda ben Seeb in der Einleitung zu seiner Ausgabe des Sirach und von Plessner in der Einleitung zu לבנן ספר נחלים מן; Zunz a. a. O. pag. 101—105 hat so ziemlich alle Stellen nachgewiesen, an denen der Talmud theils mit, theils ohne Namensnennung Sprüche aus Sirach anführt. Gesammelt wurden diese Stellen von Dukes, Rabbinische Blumenlese pag. 67—84 (zum Theil auch von Delitzsch a. a. O. p. 204). Neuerdings hat Horowitz a. a. O. p. 186 noch einige neue Sprüche zu den längst gesammelten hinzugefügt.

[4]) Der erste, der Sirach citirt, ist Simon ben Schetach jer. Berachoth 11 b.: בספרא דבן סירא כתיב (wiederholt jer. Nasir 54 b. u. Bereschith rabbah c. 91). Mit dem Ausdruck שנאמר citirt ibn Rab (c. 165 bis 247 p. Chr.) Erubin 65 a; mit dem Ausdruck משולש בכתובים neben Sprüchen aus Thora und Nebiim citirt ihn Rabbah (c. 270—330 p. Chr.) Baba Kama 92 b. Interessant ist die Bemerkung von Raschi und Thosaphoth zu den beiden letztgenannten Stellen; בדקתי אחר מקרא זה ושמא היא בספר בן סירא sagt Raschi zu Erubin 65 a und ebenso Thosaphoth zu Baba Kama 92 b שמא בספר בן סירא הוא. Asaria de Rossi a. a. O. p. 44 b.

kaum zurückdrängen lässt, die talmudischen Lehrer hätten zu einer Zeit das Buch Sirach für kanonisch angesehen.¹) Nun findet sich im Talmud eine Notiz, in der Sirach gleichsam als Grenze zwischen kanonischen und profanen Büchern hingestellt wird. Die Stelle lautet: ספרי בן סירא וכל ספרים שנכתבו מכאן ואילך אינן מטמאים את הידים Die Bücher Ben Sira, und alle Bücher, welche von da ab geschrieben wurden, verunreinigen nicht die Hände (sind als nichtheilig zu betrachten).²) Aus wahrscheinlich späterer Zeit datirt folgender Ausspruch des Rabbi Akiba: אף .... הקורא בספרים החצונים כגון ספרי בן סירא וספרי בן לענה³) אבל ספרי המירם⁴) וכל ספרים שנכתבו מכאן והילך הקורא בהן כקורא באגרת⁵). Also Rabbi Akiba hat es für nöthig befunden, das

---

der diese Stellen anführt, fügt hinzu: ובאמת ישמח צדיק כי חזה נקם מוליה ורוח יתרא. ראית ביא שפיר חוי שבן הוא שם. Andere minder wichtige talmudische Citirungen s. bei Zunz a. a. O. und bei Ben Seeb, Einleitung.
¹) s. Zunz, a. a. O. pag. 34; Herm. Strack a. a. O. pag. 435 ff. bestreitet, dass Sirach jemals als kanonisch angesehen wurde. Der Schwerpunkt seines Beweisverfahrens liegt in seiner Auffassung der Angabe des Josephus, der den abgeschlossenen Kanon der heiligen Schrift (22 Bücher nach seiner Angabe) gesehen haben soll. Folglich müsste zu oder vor seiner Zeit schon der Kanon festgestellt gewesen sein. Freilich sieht sich Strack genöthigt, zu zwei gewagten Hypothesen seine Zuflucht zu nehmen, einmal, dass das Buch Daniel schon sehr frühe existirt, in der makkabäischen Zeit jedoch Zusätze erhalten habe, dann dass die Rabbinen, welche aus dem Kopfe citirten, sich etliche Dutzend mal geirrt hätten, indem sie Verse aus Sirach für biblisch hielten! Allein Josephus' Angabe kann recht wohl mit der Annahme eines erst zu Gamaliels Zeiten erfolgten definitiven Abschlusses des Kanons bestehen. Konnte denn nicht dem Josephus und seinen Zeitgenossen eine Reihe von Büchern vorgelegen haben, die als kanonisch angesehen wurden, ohne dass ein definitiver Beschluss darüber existirt hätte, so dass über manche Bücher wie das Hohe Lied, Koheleth, Sirach sich wohl streiten liess? — Ueber die ganze Frage vgl. insbes. Joël a. a. O.
²) Thos. Jadaj. c. 2; über den Ausdruck vgl. Graetz, Geschichte III p. 561 f.; Koheleth p. 166 f.; Geiger, Urschrift p. 135 u. 146 f.
³) s. u. pag. 15 Anm. 5.
*⁴) המירם bedeutet nicht Homer sondern Tag ἡμέρα also Tagesbücher; s. Graetz in Frankels Monatsschrift 1870 p. 138 ff.
⁵) Jer. Sanhedrin 28 a.

Lesen in Sirach bei Verlust des ewigen Lebens zu verbieten; sonach muss zu seiner Zeit das Buch Sirach noch vielfach für kanonisch gegolten haben. Aber trotz seines Verdammungsurtheils wurden noch bis zum Anfang des vierten Jahrhunderts Sprüche aus Sirach ganz wie Schriftverse citirt.¹) Die babylonischen Amoraim Rab Joseph und Abaje²) eröffnen im Anschluss an die obigen Worte Rabbi Akiba's eine längere Discussion:³) רבי עקיבא אומר אף הקורא בספרים החיצונים. תנא בספרי צדוקים. רב יוסף אמר אף בספר בן סירא אסור למקרי. א״ל אביי מאי טעמא? Nun führt Abaje eine Reihe von Sprüchen an, deren Uebereinstimmung mit biblischen Versen er nachweist, worauf sich Rab Joseph zur Erklärung genöthigt sieht: מילי מעלייתא דאית ביה דרשינן להו. Der viel später entstandene Midrasch Kohelet⁴) dagegen enthält wieder ein scharfes Verdikt gegen Sirach: כל המכניס בתוך ביתו יותר מכ״ד ספרים מהומה הוא מכניס בביתו כגון ספר בן סירא ובן תגלא.⁵) Soviel geht mit Sicherheit aus diesen talmudischen Nachrichten hervor, dass die Rabbinen lange Zeit schwankend waren betreffs der Kanonicität Sirachs, und dass der Hagiographenkanon erst in sehr später Zeit definitiv abgeschlossen wurde. Ist dies thatsächlich festgestellt, so macht auch der erste Einwand, betreffs des Buches Daniel, keine erhebliche Schwierigkeit mehr. Daniel tritt unter einem alten ehrwürdigen Namen auf und gibt sich den Anschein, als sei er schon während des babylonischen Exils entstanden, während Sirach weder seinen

---

¹) vgl. o. pag. 17 Anm. 3.
²) lebten der eine 270—333, der andere 280—338 (p. Chr.) s. Graetz, Geschichte IV pag. 408 u. 411.
³) bab. Sanhedrin 100b.
⁴) vgl. dar. Zunz, a. a. O. pag. 265 f.
⁵) Diese Bücher בן תגלא ובן לעגה sind sonst unbekannt. Eine Notiz über dieselben findet sich in Wolf's biblia hebraica I p. 931 f.: משלי סנדבר quibus agitur de calliditute feminarum. Praeterea suspicor fere, librum בן לעגה ובן תגלה non nisi titulo ab hoc Sandabaris libro distingui, ut alter quidem a re alter ab auctore absumtus videatur. Eine geistreiche Vermuthung s. bei Joël a. a. O.

Namen, noch seine späte Entstehungszeit verläugnet. Was
Wunder also, wenn sich die Rabbinen durch das mystisch
alterthümliche Dunkel, in welches sich das Buch Daniel hüllte,
irreführen liessen und es für viel älter hielten als Sirach?
Noch bedarf es einiger kurzen Andeutungen, um das
Verhältniss und den Werth der Uebersetzungen des Buches
zu charakterisiren. Oben ist schon angedeutet worden, dass
das hebräisch geschriebene Original verloren gegangen ist,
wofür die griechische Uebersetzung, so sehr sie auch be-
müht ist, den Text treu wiederzugeben,[1]) keineswegs ent-
schädigen kann. Auffallend ist die grosse Verschiedenheit
dieser Uebersetzung von der syrischen, der sogenannten
Peschito. Daraus aber den Schluss zu ziehen, dass die
syrische Uebersetzung eine leichtfertig hingeschriebene Para-
phrase sei, die in Kritik und Exegese nur geringe Dienste
leiste,[2]) ist über alle Maassen ungerechtfertigt. Die syrische
Uebersetzung hat sicherlich ebenso wie die griechische aus
einem hebräischen (vielfach verderbten) Original übersetzt;
das beweist neben vielem anderen die Vermeidung zahlreicher in der griechischen Version sich vorfindenden Uebersetzungsfehler, die der griechische Uebersetzer sich zu
Schulden kommen liess.[3]) Wenig kritisches Material gibt
die alte lateinische Version an die Hand, da sie ohne Zweifel
aus der griechischen Uebersetzung floss und nur durch
Glosseme und Zusätze, die sich aber deutlich als solche

---

[1]) Ganz vereinzelt steht die Ansicht von Dähne (Geschichtliche Dar-
stellung der jüdisch-alexandrinischen Religionsphilosophie II p. 140), der
Uebersetzer habe frei geschaltet mit seinem Texte und alexandrinische
Elemente hineingetragen. vgl. u. pag. 40 f.

[2]) s. Fritzsche a. a. O. pag. XXV.

[3]) Nur ein Beleg sei angeführt. Sir. 24, 27 übersetzt die Septuaginta ὁ ἐκφαίνων ὡς φῶς παιδείαν ὡς Γηὼ ἐν ἡμέραις τρυγητοῦ; dass φῶς
ein Uebersetzungsfehler sei, liegt auf der Hand: im Original stand wahrscheinlich אוֹר wie Amos 8, 8, wo übersetzt werden muss, als stände יְאֹר
(der Nil als Fluss κατ' ἐξοχήν vgl. Amos 9, 5). Der Syrer übersetzt ganz
richtig: ומשפטא איך נהרא יולפנא ואיך ניחון ביומי קטפא. Eine Blumenlese
dieser Uebersetzungsfehler hat gesammelt Horowitz a. a. O. pag. 195 ff.

charakterisiren, entstellt ist.¹) Andere Uebersetzungen sind theils noch zu wenig durchforscht, theils von geringerer Wichtigkeit.²) Zum Schlusse seien noch die hauptsächlichsten der neueren sich mit Sirach beschäftigenden Arbeiten erwähnt, auf deren Resultaten die folgenden Untersuchungen zum grossen Theil beruhen, und auf die der Kürze halber einfach verwiesen werden wird. Vor allem das vorzügliche exegetische Handbuch zu Sirach von O. F. Fritzsche (Leipzig 1859), ferner die Ausgaben von Bretschneider (liber Jesu Siracidae perpetua annotatione illustratus, Ratisbonae 1806), von M. Gutmann (die Apocryphen des alten Testamentes übersetzt und durch Einleitungen und Anmerkungen erläutert, Altona 1841) und von Jehuda ben Seeb (חכמת יהושע בן סירא נעתק ללשון עברי ואשבנו ומתירגם ארמית עם באיר Breslau 1798). Ausserdem die Geschichtswerke von Graetz, Jost, Herzfeld und Ewald, die gottesdienstlichen Vorträge von Zunz und verschiedene in Zeitschriften veröffentlichte Aufsätze, von welchen besonders der im 21. Jahrgang der Frankel-Graetzschen Monatsschrift veröffentlichte Aufsatz von Graetz: „Die Söhne des Tobias, die Hellenisten und der Spruchdichter Sirach", welcher für das Verständniss des siracidischen Spruchbuches von hervorragender Wichtigkeit ist, Hervorhebung verdient, sowie die in derselben Zeitschrift (Jahrgang XIV) befindliche Abhandlung über das Buch Jesus Sirach von Dr. J. Horowitz. Hinsichtlich der Textes-

---

¹) s. Fritzsche a. a. O. pag. XXIII und Horowitz a. a. O.

²) Noch unedirt sind die von Tischendorf aufgefundenen (griechischen) Palimpsestfragmente, die Tischendorf in's sechste oder siebente Jahrhundert setzt; die zweite syrische Uebersetzung (Syrus hexaplaris im Gegensatz zum Vulgärtext der Peschito) ist vor nicht gar zu langer Zeit herausgegeben von Ceriani (Codex Syro-Hexaplaris Ambrosianus photolithographice editus Mediol. 1874); dieselbe ist noch nicht verglichen worden, wiewohl sie von grossem Werthe sein soll. Vgl. hierüber Schürer in der Real-Encyclopädie von Herzog u. Plitt I pag. 490 Art. Apocryphen. Von geringem Werthe ist die arabische, äthiopische und armenische Uebersetzung vgl. Fritzsche a. a. O. Einl. p. XXV.

kritik sind als hervorragende Arbeiten zu nennen für die griechische Uebersetzung die neueste vorzügliche Septuaginta-Ausgabe von Tischendorf, deren Text nach den besten Handschriften, hauptsächlich nach dem jüngst aufgefundenen Sinaitikus und dem codex Majanus hergestellt ist, für die syrische Uebersetzung die Peschito-Ausgabe von Paul de Lagarde, welche nach der Londoner Polyglotte unter Vergleichung von 6 syrischen Handschriften des britischen Museums zu London hergestellt ist. Die folgenden Citate aus Sirach beziehen sich denn auch meist auf diese beiden Ausgaben.

Verhältniss des Buches Sirach zu den salomonischen Sprüchen.

Inhaltliches Verhältniss.

„Ich kam wie einer, der nach dem Winzer Lese hält (30, 25). und ich floss wie ein Graben aus einem Flusse, sprach, ich will bewässern meinen Garten, will tränken mein Beet" (24, 30 f.). In diesen Worten liegt wohl das Geständniss des Verfassers, dass er vielfach aus der alten Weisheitsquelle, den heiligen Schriften Israels geschöpft habe. Es findet sich in der That in seinem Spruchbuche eine grosse Anzahl von Versen, deren direkte Entlehnung aus den biblischen Schriften,[1]) hauptsächlich aus den Sprüchen Salomons leicht nachzuweisen ist. Dass Sirach sich das letztere überhaupt zum Vorbild nahm, kann keinem Zweifel unterliegen. und es lassen sich bei näherer Betrachtung eine Menge Einzelheiten erkennen, die Sirach mit dem oder den Verfassern der salomonischen Sprüche gemein hat. Freilich

---

[1]) Vgl. z. B. Cap. 24, 23 und 5. Mose 33, 4. Die Entlehnung ist so auffallend, dass sowohl Septuaginta (νόμον ὃν ἐνετείλατο Μωυσῆς κληρονομίαν συναγωγαῖς Ἰακώβ) als auch Peschito (מימא דפקד יהוה מישא ירתא לבנישתה דיעקב) die Uebersetzung des alten Verses benutzten. Fritzsche hat dies übersehen; die Uebersetzung von συναγωγαῖς heisst weder מקהלים, noch מקהלה, noch hat sich der Uebersetzer geirrt. Hätte sich Fritzsche die Mühe genommen, die Ausgabe Sirachs von Ben Seeb zur Hand zu nehmen, so hätte er die richtige Uebersetzung daraus entnehmen können, nämlich: תורה צוה לנו משה מורשה קהלת יעקב. — Weitere übereinstimmende Stellen sind 45, 8 ff. u. 2. Mose c. 28 ff.; 32, 14 u. 2. Mose 22, 22; 2, 8 u. Psalm 115, 11; 18, 8 u. Psalm 90, 10; 33, 1 ff. u. Ps. 79, 6 u. s. w.; vgl. übr. pag. 20 Anm. 2.

sind die Aehnlichkeiten meist nur spezieller Natur; aber lässt sich denn in den Sprüchen selbst ein einheitlicher Grundgedanke, ein das ganze durchziehender Faden auffinden, ist dies überhaupt möglich bei den unter sich so verschiedenen Bestandtheilen der Sprüche, die so verschiedenen Verfassern und verschiedener Zeit angehören?[1]) Aehnlichkeiten ganz allgemeiner Natur aufzuspüren, würde zwecklos sein; denn die so aufgefundenen Aehnlichkeiten entspringen den inneren Gesetzen, der Eintheilung und dem Plane dieses ganzen poetischen Genus und lassen sich füglich in jedem zu diesem Genus gehörigen Werke entdecken.[2])

Dahin gehört die Lehre von Gott, seinen Eigenschaften und Werken, seinem Eingreifen in die Geschicke der Menschen, dahin ferner die Bemerkungen über Wesen und Be-

---

[1]) s. Bleek, Einleitung in das alte Testament pag. 516 f.; Ewald, die poetischen Bücher des alten Bundes IV pag. 1—3 u. 31; Graetz, Geschichte der Juden II b. pag. 382 ff.; Nöldeke, die alttestamentliche Literatur pag. 157 ff.; Bertheau, Commentar zu den Sprüchwörtern; Delitzsch in Herzogs Real-Encyclopädie Art. Sprüche. Ein vorzüglicher Commentar ist Abertus Schultens, Proverbia Salomonis etc. Lugduni Batavorum 1748.

[2]) Man vgl. z. B. 16, 15 ff. mit Psalm 139; 18, 7—10 mit Ps. 90; 40, 8 f. mit Job 5, 19 ff.; 40, 15 ff. mit Job 8, 17. 11. 12; 43, 13 ff. mit Job Cap. 38 (Cap. 37). Noch mehr Aehnlichkeiten lassen sich selbstverständlich zwischen Sirach und Koheleth constatiren, ohne dass man desswegen behaupten kann, Sirach habe direkt Koheleth compilirt. Letzteres zu beweisen, hat Henry Hamilton Wright im 2. Cap. des schon erwähnten book of Koheleth (London Hodder and Stroughton 1883) sich viele Mühe gegeben. Zur Begründung seiner Hypothese vergleicht er folgende Stellen: Sir. 13, 25 u. Koh. 8, 1; Sir. 19, 16 u. Koh. 7, 20—22; Sir. 20, 6—7 u. Koh. 3, 7; Sir. 21, 25—26 u. Koh. 10, 2—3; Sir. 27, 26 u. Koh. 10, 8; Sir. 7, 14 u. Koh. 5, 1; Sir. 18, 22 u. Koh. 5, 3; Sir. 21, 12 u. Koh. 1, 18; Sir. 14, 18 u. Koh. 1, 4; Sir. 16, 30 u. Koh. 3,20; Sir. 40, 11 u. Koh. 1, 7; Sir. 13, 22—23, 10, 3 u. Koh. 9, 14—16; Sir. 5, 5—7 u. Koh. 8, 11—13; Sir. 14, 14 ff. u. Koh. 5, 18 ff., 6, 1 ff.; Sir. 40, 1 u. Koh. 1, 3. 5; Sir. 33, 13—15 u. Koh. 7, 13—15; Sir. 33, 11 u. Koh. 1, 18; Sir. 11, 5 u. Koh. 9, 15; Sir. 13, 26 u. Koh. 12, 12; Sir. 18, 6 u. Koh. 7, 13. 11, 15; Sir. 26, 23 u. Koh. 7, 26; Sir. 34, 7 u. Koh. 5, 7; Sir. 7, 15 u. Koh. 5, 8. — Alle diese Sprüche haben einen oder mehrere Gedanken gemein, aber man kann bei den meisten gerade so gut be-

stimmung des Menschen, über des Menschen Verhältniss zur Welt der äussern Dinge und über sein Verhältniss zu Gott, dahin endlich auch die spezielleren Lehren der Ethik und Moral, die Regeln der Klugheit und der Sitte und zuletzt die den alten Hebräern eigenthümliche Auffassung und Darstellung der Weisheit. Dieser Begriff der Weisheit vereinigt „alle geistigen und sittlichen Vorzüge des Menschen, Frömmigkeit und Klugheit, Gerechtigkeit und Einsicht zu einem einzigen Bilde, das an dem Begriffe des zugleich unverständigen und unsittlichen, zugleich geist- und gottlosen Thoren seine Folie hat."[1])

Um über die in beiden Werken herrschende Uebereinstimmung bezüglich solcher allgemeinen Begriffe eine klare Vorstellung zu gewinnen, vergleiche man beispielshalber folgende Stellen über die Weisheit:

Spr. 8, 22. Der Ewige schuf mich als den Anfang seines Weges. Vor seinen Werken von je.
Von Ewigkeit an ward ich gesalbt
Von Anfang, vor den Anfängen der Erde.

---

haupten, sie seien aus den Sprüchen entlehnt, als aus Koheleth. Wenn Wright glaubt „the expression used in Sir. 13, 25, the heart of man changeth his countenance" is certainly akin to that in Koh. 8, 1: „A man's wisdom makes his face to shine, and the coarseness of his face shall be changed," so ist doch viel eher zu vergl. Spr. 15, 13 לב שמח פנים ייטיב" (vgl. Spr. 17, 22 u. 15, 15); ebenso lässt sich die Behauptung, Sir. 20, 6—7 sei evidently founded on the teaching of Koh. 3, 7 widerlegen durch den Hinweis auf Spr. 17, 27. 28; (vgl. 21, 23); und wenn er Sirach 27, 26 als nearly indentical with Koh. 10, 8 bezeichnet, so gibt er doch zu, dass the same thought is found in Spr. 27, 27 (Ps. 7, 15); auf diese Weise wäre es leicht, alle von Wright angeführten Paralellstellen durchzugehen; nur für Sir. 18, 22 findet sich in den Sprüchen keine entsprechende Parallele, während Koh. 5, 3 denselben Gedanken ausspricht: allein darum braucht der Gedanke immer noch nicht entlehnt zu sein.

[1]) Freudenthal, die Flav. Josephus beigelegte Schrift über die Herrschaft der Vernunft pag. 52.

Sir. 1, 4. Vor allen Dingen ward geschaffen die Weisheit,
Und die kluge Einsicht seit Ewigkeit.[1]

Spr. 2, 6. Der Ewige verleihet Weisheit,
Erkenntniss und Vernunft kommen aus seinem Munde.

Sir. 24, 3. Ich kam hervor aus des HöchstenMunde (vgl. 1, 8).

Spr. 1, 7. Furcht des Ewigen ist der Erkenntniss Anfang. —
9, 10. Der Anfang der Weisheit ist Furcht des Ewigen.

Sir. 1, 14. Gott fürchten ist der Weisheit Anfang.

Spr. 4, 7f. Verlasse sie nicht, so wird sie dich hüten;
Liebe sie, so wird sie dich bewahren;
Halte sie hoch, so wird sie dich erheben,
Sie wird zu Ehren dich bringen, wenn du sie umfassest.

Sir. 4, 12f. Der sie liebt, liebt das Leben,
Der ihr nachgehet, wird erfreut,
Der sie festhält, wird geehret,
Ihn segnet der Ewige, wo immer er geht.

Spr. 8, 27. Als er den Himmel bereitete war ich da,
Als den Kreis er zog über der Wasser Fläche.

Sir. 24, 5. Die Wölbung des Himmels umwandelte ich allein
Und in der Wasser Tiefe ging ich einher.

Spr. 8, 1f. Die Weisheit ruft und die Vernunft erhebt die Stimme
. . . .
An der Thore Eingang rufet sie.

Sir. 24, 1f. Die Weisheit lobet sich selbst[2]

---

[1]) Beim Syrer hat dieser Vers einen anderen jedoch passenderen Sinn: מן כלהין הלין בנית חבמתא וישנת הימנותא also nicht wie im griechischen: Die Weisheit „war früher", sondern „ist grösser", als . . .

[2]) Ganz falsch ist Fritzsche's Uebersetzung: Die Weisheit mag sich loben. Sirach hat augenscheinlich das 8. Cap. der Sprüche nachgeahmt.

Und in ihres¹) Volkes Mitten rühmet sie sich,
In der Versammlung des Höchsten erhebt sie
die Stimme.

Aehnliche Vergleichungspunkte liefern z. B. folgende Stellen, an denen über die Thoren gehandelt wird:

Spr. 27, 3. Schwere des Steines, Last des Sandes:
Aber der Thoren Zorn ist schwerer als beide.

Sir. 22, 15. Sand und Salz und ein Klumpen Eisen
Leichter ist's zu tragen, als einen thörichten Menschen.

Spr. 27, 22. Wenn du auch zerstampfest den Thoren in der Stampfe
Unter der Grütze mit der Keule,
Nicht wird von ihm weichen seine Thorheit.

Sir. 22, 7. Ein irdenes Gefäss löthet,
Wer einen Thoren lehrt,
Er weckt einen Schlummernden aus dem Schlaf.

Für speciellere Aehnlichkeiten mögen nachfolgende Stellen einen Beleg abgeben:

Spr. 23, 11. Der Waisen Erlöser ist stark,
Er wird ihre Streitsache wider dich führen.

Sir. 32, 17. Nicht übersieht Gott das Flehen der Waise.

Spr. 15, 8. Das Opfer des Gottlosen ist ein Gräuel dem Herrn.

Sir. 31, 23. An den Geschenken der Sünder hat Gott keinen Gefallen
Und vergibt bei vielen Opfern nicht die Sünde.

Hier wie dort wird mit drei Versen darauf vorbereitet, wie die Weisheit sich einführen wird. Wollte man Fritzsche's Uebersetzung acceptiren, der dadurch das hebräische Futur (Imperf.) wiedergeben will, so müssten die drei ersten Verse der Sprüche (Cap. 8) in der Uebersetzung also lauten: Die Weiheit mag rufen .... mag stehen auf der Höhe Spitze und am Wege etc.

¹) Für das griechische αὐτῆς hat der Syrer דאלהא.

Spr. 10, 7. Das Andenken des Gerechten ist zum Segen,
Aber der Name des Gottlosen verweset.
Sir. 41, 11f. Der schlimme Name der Gottlosen geht unter
. . . .
Der gute Name bleibt auf ewig.[1])

Spr. 14, 12. Mancher Weg scheint einem gerade
Aber sein Ende sind Wege zum Tod (vgl. 16, 25).
Sir. 21, 10. Der Weg der Sünder ist mit Steinen gepflastert,
Aber an seinem Ende ist die Grube des Todes.

Spr. 12, 9. Besser der Geringe, der ein Knecht ist für sich,
Als der vornehm thut und brodlos ist.
Sir. 10, 27. Besser, der in allem arbeitet,
Als der Müssiggänger, der vornehm thut und brodlos ist.

Spr. 23, 21. Der Säufer und Schlemmer verarmt
Und in Lumpen kleidet Schläfrigkeit.
Sir. 21, 17. Wer Schlemmereien liebt, wird Mangel leiden,
Wer Wein und Salben liebt, wird nicht reich
(vgl. 19, 1).
Spr. 28, 14. Heil dem Menschen, der stets sorgsam ist,
Doch wer sein Herz verhärtet, fällt ins Unglück.
Sir. 3, 26. Verhärteter Sinn fällt am Ende ins Unglück.

Spr. 17, 22. Ein fröhliches Herz gibt gesundes Aussehen,
Ein niedergeschlagen Gemüth vertrocknet das Gebein (vgl. 15, 15).
Sir. 38, 18. Niedergeschlagenheit des Herzens beugt die Kraft.

---

[1]) Sir. 45, 1 bei Erwähnung Mosis heisst es οὐ τὸ μνημόσυνον ἐν εὐλογίαις, ebenso 46, 11 bei Erwähnung der Richter εἴη τὸ μνημόσυνον αὐτῶν ἐν εὐλογίαις, syrisch beidemal (resp. דוברנהון) לבורכתא. Daraus geht hervor, dass zu Sirachs Zeiten schon der bei Nennung eines hervorragenden Todten übliche Ausdruck זכרונו לברכה (ז״ל) gang und gäbe war.

Spr. 15, 13. Ein fröhliches Herz erheitert das Antlitz,
  Bei Herzensbetrübniss ist das Gemüth niedergeschlagen.
Sir. 13, 25f. Das Herz des Menschen verändert sein Antlitz,
  Sowohl zum freundlichen als zum unfreundlichen:
  Zeichen eines glücklichen Herzens ist heiteres Antlitz.

Spr. 17, 5. Wer des Armen spottet, lästert dessen Schöpfer,
  Wer sich des Unglücks freut, bleibt nicht ungestraft.
Sir. 7, 11. Verspotte nicht den Menschen in seines Herzens Kummer,
  Denn einer ist, der erniedrigt und erhöhet.

Spr. 15, 18. Ein zorniger Mensch erregt Zank,
  Aber der Langmüthige stillt den Hader (vgl. 22,24).
Sir. 28, 8. . . . der zornige Mensch erregt Zank (vgl. 8,16.)

Spr. 26, 21. Kohlen dienen zur Gluth und Holz zu Feuer
  So ein zänkiger Mensch, Streit zu entzünden.
Sir. 28, 10. Wie das Feuer Brennstoff hat, also lodert es,
  So entbrennt der Streit nach dem Gewicht.[1])

Spr. 27, 5. Besser offene Zurechtweisung, als verhehlte Liebe.
Sir. 20, 1. Wie viel ist es besser, offen zurechtzuweisen,
  Als in zurückgehaltenem Zorne zu entbrennen.

Spr. 26, 24f. Mit seinen Lippen verstellt sich der Feind,
  Aber in sein Inneres setzt er Betrug.

---

[1]) Der vatikanische Text dieses Verses lautet: κατὰ τὴν ὕλην πυρὸς οὕτως ἐκκαυθήσεται. κατὰ τὴν ἰσχὺν τοῦ ἀνθρώπου ὁ θυμὸς αὐτοῦ ἔσται, καὶ κατὰ τὸν πλοῦτον ἀνυψώσει ὀργὴν αὐτοῦ, καὶ κατὰ τὴν στερέωσιν τῆς μάχης ἐκκαυθήσεται. Dagegen befinden sich im codex Alexandrinus die letzten Worte von καὶ bis ἐκκαυθήσεται hinter οὕτως ἐκκαυθήσεται, welche Lesart Fritzsche (z. St.) recipirt. In der lat. Version fehlt das Glied καὶ κατὰ τὴν στερέωσιν τῆς μάχης ἐκκαυθήσεται vollständig. Nach der Peschito scheint in der That die Stellung im Alex. die richtigere: כל דתרמא בנורא נאקד ובמא דתסגא בדינא מסגא סגא.

	Macht er auch holdselig seine Rede,
	Traue ihm nicht, denn sieben Gräuel sind in seinem Herzen.
Sir. 12, 16.	Mit seinen Lippen redet süss der Feind, Aber in seinem Innern denkt er dich in die Grube zu stürzen.

Spr. 6, 12 f. Ein niederträchtiger Mensch, ein Mann des Unheils
Geht um mit falscher Rede,
Winkt mit den Augen,
Scharrt mit den Füssen,
Zeigt mit den Fingern,
Ränke sind in seinem Herzen,
Er sinnet böses aus zu aller Zeit,
Stiftet an Zänkereien.

Sir. 27, 22 f. Wer mit den Augen winkt, schmiedet böses
. . . .
Vor deinen Augen redet sein Mund süss
. . . .
Nachher . . . erreget er Aergerniss.

Spr. 19, 4. Vermögen schaffet viele Freunde,
Aber der Arme wird von seinem Freunde getrennt.
. . . .
Alle Brüder des Verarmten hassen Ihn,
Wie viel mehr entfernen seine Freunde sich
(vgl. 14, 20).

Sir. 12, 9. Beim Glücke des Mannes ärgern sich seine Feinde,
Und bei seinem Unglück trennt sich auch der Freund.

Spr. 26, 27. Wer einem eine Grube gräbt, fällt selbst hinein
Und wer einen Stein wälzt, auf den fällt er zurück.

Sir. 27, 25. Wer einen Stein in die Höhe wirft,
Wirft ihn auf seinen Kopf,
Wer eine Grube gräbt, fällt selbst hinein.

Spr. 17, 2. Ein verständiger Knecht herrscht über den schandbaren Sohn.
Sir. 10, 25. Dem verständigen Knechte dienen Freie.

Spr. 17, 21. Wer einen Thoren zeugt, dem wird's zum Kummer
Und nicht froh wird des Unwürdigen Vater.
vgl. 19, 3 u. öft.
Sir. 22, 3. Eines Vaters Schmach ist die Zeugung eines Thoren.

Spr. 13, 24. Wer seine Ruthe zurückhält, hasst seinen Sohn, Wer ihn lieb hat, züchtigt ihn frühe (vgl. 20, 13, 29, 15).
Sir. 30, 1. Wer seinen Sohn liebt, gibt ihm viele Schläge.

Spr. 23, 22. Gehorche deinem Vater, der dich gezeugt,
Verachte nicht, weil sie alt ist, deine Mutter.
Sir. 3, 13. Wenn (dein Vater) an Verstand schwach wird, sei nachsichtig
Und missachte ihn nicht bei deiner vollen Lebenskraft.

Spr. 27, 21. Der Tiegel für's Silber und der Ofen für's Gold
Und der Mensch nach dem, was er lobet.
Sir. 27, 5. Das Töpfergeschirr bewährt der Ofen,
Der Mensch wird geprüft durch das, was er redet.[1])

Spr. 18, 13. Wer etwas antwortet, ehe er ausgehört,
Dem wirds zur Thorheit und Schande.
Sir. 11, 8. Bevor du ausgehört, antworte nicht,
Und mitten in die Rede falle nicht ein.[2])

---

[1]) Viel passender ist der Vergleich in der syrischen Uebersetzung איך תנוא סגיאא נורא מן לעל דאנשא שעיתא היכנא נורא דאנשא על חישבנא, in der das Gespräch des Menschen mit dem aus dem Ofen aufsteigenden Rauch verglichen wird.

[2]) Im Talmud Baba Meziah 98b. (Jalkut Mischlé 95b.) findet sich folgender Spruch: הבל שקלתי בכף מאזנים ולא מצאתי קל מסבין וקל מסבין חתן הדר בבית חמיו וקל מחתן אדם מכניס ארח וקל מארח משיב דבר בטרם ישמע s. auch Aboth 5, 10.

Spr. 18, 21. Tod und Leben sind in der Gewalt der Zunge.
Sir. 37, 18. Gutes und Böses, Leben und Tod,
Ihre Herrscherin ist stets die Zunge (vgl. 5, 13).

Spr. 22, 9. Der Freigebige wird gepriesen,
Denn er giebt von seinem Brode den Armen.
Sir. 34, 23. Den freigebig Speisenden preisen Lippen.

Spr. 28, 27. Wer dem Armen gibt, hat keinen Mangel,
Wer sein Auge verschliesst, zieht sich viele Flüche zu.
Sir. 4, 5. Vom Bittenden wende das Auge nicht ab,
Gib dem Menschen nicht Gelegenheit, dir zu fluchen.

Spr. 3, 27 f. Versage nichts gutes, dem es gebührt,
Wenn es in der Macht deiner Hand steht, es zu thun;
Sprich nicht zu deinem Nächsten, geh und komme wieder
Und morgen will ich's geben, wenn du's schon hast.
Sir. 14, 13. Bevor du stirbst, thue gutes dem Freunde
Und nach deinem Vermögen[1]) strecke die Hand aus
Und gib ihm.

Spr. 21, 19. Besser, zu wohnen im Lande der Wüste,
Als ein zänkisches und ärgerliches Weib (vgl. 25, 24).
Sir. 25, 16. Ich will lieber mit einem Löwen und Drachen zusammen,
Als bei einem bösen Weibe wohnen.

Spr. 29, 3. Wer sich zu Buhlerinnen gesellt,
Vernichtet sein Vermögen (vgl. 5, 10. 6, 26).

---

[1]) Für das griechische κατὰ τὴν ἰσχύν σου hat die Peschito זמדם דשאל לך was er von dir fordert.

Sir. 9, 6. Gib Buhlerinnen dich nicht hin,
Damit du nicht dein Vermögen vernichtest.

Spr. 25, 11. Goldene Aepfel auf silbernem Bildwerk,
Ist ein Wort geredet auf rechte Weise.

Sir. 26, 18. Goldene Säulen auf silbernem Gestelle,
So schöne Füsse auf fester Ferse.[1]

So unzweideutig auch aus den angeführten Stellen die innere Gedankenharmonie zwischen Salomon und Sirach trotz der augenscheinlichen Bemühung des letzteren, sich von sklavischer Nachahmung fern zu halten, hervorleuchtet, so dürfen andererseits die bedeutenden in beiden Werken zu Tage tretenden Verschiedenheiten keineswegs verkannt werden. Sirach ist immer originell, selbst da, wo er augenscheinlich nachahmt. Bisweilen ist es bloss eine feine Nüance, wodurch er seine Originalität bewahrt. Auch ist nicht zu verkennen, dass die Sprüche Sirachs viel subjektiver gehalten sind, als die älteren, in welchen die Person des Verfassers in fast epischer Weise in den Hintergrund gerückt ist. In Sirach finden sich ganze Reihen von Sprüchen, die alle das nämliche Thema behandeln, und verwandte Spruchreihen sind oft gruppenweise zusammengestellt, so dass sich sogar ein einheitlicher Grundzug wahrnehmen lässt,[2] wogegen von den salomonischen Sprüchen, haupt-

---

[1] Anders im syrischen der Nachsatz: איך חומרא דדהבא על אסטונא
דשאמא יאין עקבתה במתקן ביתה so die schönen Füsse der schönen Frau, die nur für ihr Hauswesen sorgt. — Noch einige minder auffallende Parallelstellen seien hier angegeben: Sir. 4, 11 ff. u. Spr. 4, 6 – 8; Sir. 6, 7 ff. u. Spr. 19, 7; Sir. 6, 13 u. Spr. 18, 24; Sir. 6, 28 – 29 u. Spr. 1, 9; Sir. 7, 15 f. u. Spr. 28, 19; 12, 11; Sir. 9, 1 – 10 u. Spr. 7, 10 ff.; 23, 27 ff. u. öft.; Sir. 10, 1 – 2 u. Spr. 29, 4. 12. 14; 20, 8; Sir. 13, 9 ff. u. Spr. 25, 6 – 7; Sir. 15, 1 – 10 u. Spr. Cap. 2, Cap. 4 u. öft.; Sir. 22, 11 u. Spr. 23, 9; Sir. 29, 24 – 28 u. Spr. 23, 1 – 8; Sir. 30, 22 u. Spr. 15, 13. 15; 14, 30; 17, 22. —

[2] Einige griechische Handschriften haben sogar allgemeine Ueberschriften wie: αἴνεσις σοφίας, περὶ τέκνων, περὶ ὑγιείας, περὶ ἡγουμένων.

sächlich den älteren Sammlungen, kaum fünfe hintereinander das gleiche Thema behandeln. Die Folge hiervon ist auch, dass sich Sirach mehr der philosophischen Untersuchung nähert, in viele moralische Gegenstände tiefer eindringt, und seine Sprüche die Früchte eines gereiften Nachdenkens über die menschlichen Schicksale und einer vielseitigen Betrachtung der menschlichen Sitten sind. Sirach ist darum auch mannigfaltiger und detaillirter in der Einschärfung der Pflichten, reicher und umfassender an Bemerkungen über die verschiedenen Stände und Lebensarten der Menschen, überhaupt vielseitiger und gelehrter, Salomon dagegen meist praktischer und spezieller in Klugheits- und Lebensregeln.

In manchen Sprüchen vertritt Sirach eine viel humanere Anschauung als Salomon,[1]) in manchen, wo er mehr Klugheit als Moral predigt, ist das umgekehrte der Fall.[2]). Während sich in den Sprüchen Salomons eine gegewisse Unabhängigkeit von den religiösen Institutionen, ein über den eng partikularistischen Geist der alten Hebräer hinausgehender universeller Geist offenbart, theilt Sirach mit vollem Herzen die im Charakter der Zeit liegende Anhänglichkeit an das Gesetz und den religiösen Kultus, und seine

---

πατέρων ὕμνος. Oft gibt ein Gedanke, der sich in den alten Sprüchen einmal oder an verschiedenen Stellen zerstreut vorfindet, Sirach die Anregung zu einer durchein oder mehrere Capitel sich hinziehenden Betrachtung; Cap. 29 (vgl. 8, 13) handelt von der Bürgschaft, vgl. Spr. 22, 22 ff.; 6, 1—3; 19, 17; 17, 18; 27, 13; 11, 15; 20, 16; (vgl. dar. pag. 30 Anm. 1). Cap. 30, 1—13 spricht Sir. von dem Nutzen einer strengen Erziehung, vgl. Spr. 19, 18; 13, 24; 23, 28 f.; 29, 15; Sir. Cap. 22 im Anfang handelt von guten und schlechten Kindern, vgl. Spr. 10, 1; 13, 1; 15, 20; 17, 25; 19, 13. 20; 28, 7; Cap. 30, 33 bis Ende ist vom Sklaven die Rede, vgl. Spr. 29, 19. 21 etc.

[1]) Vgl. Spr. 17, 17 ff.; 20, 16; 22, 27; 11, 15; 6, 1—5 und Sir. 29, 14 ff.; 8, 13, an welchen Stellen von Bürgschaft die Rede ist.

[2]) Vgl. Spr. 24, 17 בנפל אויבך אל תשמח ובכשלו אל יגל לבך u. Sir. 25, 7 ἐννέα ὑπονοήματα ἐμακάρισα ἐν καρδίᾳ, καὶ τὸ δέκατον ἐρῶ ἐπὶ γλώσσης. ἄνθρωπος εὐφραινόμενος ἐπὶ τέκνοις, ζῶν καὶ βλέπων ἐπὶ πτώσει ἐχθρῶν. (glücklich, wer lebt und auf seiner Feinde Fall sieht).

ganze Lehre gipfelt in dem Satze (24, 22): „All dies gilt vom Buche des Bundes des höchsten Gottes, vom Gesetz, das anbefohlen Moses, als Besitz den Gemeinden Jakobs."

Formales Verhältniss.

„Es ist unverkennbar, dass ben-Sira die salomonischen Gnomen als Muster nachbildete und nicht bloss nach unbewusster innewohnender Regel, sondern geflissentlich ihre Schönheiten und Besondernheiten nachprägte."[1]) Welches sind nun aber die Schönheiten und Besonderheiten der salomonischen Gnomen? Um diese Frage zu beantworten, ist es nöthig, über die Form der hebräischen Poesie im allgemeinen einige Worte zu sprechen.[2]) Bekanntlich besitzt die hebräische Poesie weder Reim, noch Metrum, noch eigentlichen Rythmus.[3]) Die Erhabenheit und Würde des Inhalts, die Innigkeit und Kraft der Sprache waren sich selbst genug, und es bedurfte keines äussern Schmuckes und Reizes. Das einzige durchgängige Merkmal des poetischen Ausdrucks ist der Parallelismus der Glieder. Das Verhältniss der beiden parallelen Glieder ist verschiedenartig. Entweder bildet das zweite Glied den Gegensatz zum ersten (antithetischer Parallelismus), oder in jedem der beiden Glieder kommt ein besonderer Gedanke zum Ausdruck, ohne dass der eine zum

---

[1]) Delitzsch, zur Geschichte der neuhebräischen Poesie pag. 131.
[2]) s. dar. Ewald, die poetischen Bücher des alten Testamentes I pag. 89, IV pag. 1—176; Saalschütz, von der Form der hebräischen Poesie pag. 98 ff.; Delitzsch a. a. O. pag. 197 ff. und in Herzogs Real-Encyclopädie Art. Sprüche.
[3]) Die Ansichten der alten Rabbinen hierüber s. bei Saalschütz a. a. O. pag. 86 ff.; Saalschütz sucht a. a. O. und in einem späteren Werke: Form und Geist der hebräischen Poesie, den Nachweis zu liefern, dass die hebräische Poesie wohl einen Rythmus besitze. Der Kernpunkt seines Beweisverfahrens liegt in der Hypothese von der Nichtberücksichtigung des Accentes in hebräischen Versen. — Selbstverständlich ist unter der hebräischen Poesie nur die biblische verstanden, da die neuhebräische wohl Reim und Metrum besitzt.

andern in irgend welcher Beziehung stände (synthetischer Parallelismus), oder im zweiten Gliede wird der Gedanke des ersten Gliedes mit anderen Worten wiederholt (synonymischer Parallelismus), oder die beiden Glieder werden mit einander verglichen und eines enthält den zu vergleichenden Satz, das andere das Bild (parabolischer Parallelismus)[1]) oder endlich im zweiten Gliede wird der Gedanke des ersten einfach fortgesetzt, meist vermittels subordinirender Conjunktionen (eingedankiger Parallelismus). Alle diese verschiedenen Arten des Parallelismus, der in den Sprüchen sowohl, wie bei Sirach durchgehends gewahrt ist, finden sich in beiden Büchern. Ein Beispiel für jede Gattung möge genügen:

1. antithetischer Parallelismus:

Spr. 10, 5. Es sammelt im Sommer der verständige Sohn,
Es schläft in der Erndte der schandbare.

Sir. 13, 3. Der Reiche thut Unrecht und brummt noch dazu,
Der Arme leidet Unrecht und bittet noch dazu.

2. synthetischer Parallelismus:

Spr. 22, 1. Vorzüglicher ist Ruf, als grosser Reichthum,
Besser ist Gunst, als Silber und Gold.

Sir. 6, 13. Von deinen Feinden trenne dich
Und vor deinen Freunden nimm dich in Acht.

3. synonymischer Parallelismus:

Spr. 22, 24. Geselle dich nicht zu dem Zornigen
Und mit dem Hitzigen komme nicht zusammen.

Sir. 6, 33. Wenn du gern hörst, wirst du lernen,
Und wenn du dein Ohr hinneigst, klug werden.

4. parabolischer Parallelismus:

Spr. 10, 26. Wie Essig für Zähne und Rauch für Augen,
Also der Träge für die, so ihn senden.

---

[1]) Delitzsch a. a. O. nimmt als eine besondere Art noch den emblematischen Parallelismus an, in welchem von den beiden Gliedern das eine einen Vergleich enthält ohne vergleichende Partikel vgl. Spr. 25, 25; 11, 22. Auch bei Sirach finden sich einige derartige Verse vgl. 18, 15; 16, 21. —

Sir. 18, 10. Wie ein Tropfen im Meere, wie ein Sandkörnlein,
Also wenige Jahre im Tage der Ewigkeit.

5. eingedankiger Parallelismus:

Spr. 26, 5. Antworte dem Thoren nach seiner Thorheit,
Dass er nicht weise sei in seinen Augen.

Sir. 25, 3. Hast du nicht gesammelt in der Jugend,
Wie kannst du Weisheit erlangen im Alter?

Am häufigsten finden sich in Sirach die drei letzten Arten des Parallelismus, während besonders die erste Art ungemein selten in seinen Sprüchen anzutreffen ist. Auch von den salomonischen Sprüchen waltet nur in der ältesten Sammlung (Capitel 10, 1—22. 16) der antithetische Parallelismus vor, der von vielen für die ursprünglichste und poetisch-kräftigste Art desselben angesehen wird.[1])

Was den Strophenbau betrifft, so lässt sich nicht verkennen, dass in Sirach. schon vermöge der oben angedeuteten Gruppirung von Sprüchen,[2]) ein ziemlich symmetrisches Gleichmaass innerhalb einzelner Gruppen vorherrscht. Zwar vermochte die genaueste Zählung und Zusammenstellung der einzelnen Verse nicht zu der Entdeckung zu führen, dass im ganzen Buche eine genaue Strophengliederung eingehalten wurde,[3]) wohl aber zu einzelnen ganz überraschenden Resultaten, wie man aus folgender Zusammenstellung ersieht.

Gleich das erste Kapitel sondert sich deutlich in einzelne Gruppen von bald 2, bald 3 doppelgliedrigen Versen in dieser Aufeinanderfolge: 3, 2, 3, 3, 2, 2, 2, 2, 3, 3, 3, 2.[4]) Aus ganz regelmässigen Strophen zu je drei Versen besteht

---

[1]) So Ewald a. a. O. IV pag 5 und Bruch a. a. O. pag. 273; s. dag. Delitzsch in Herzogs Real-Encyclopädie Art. Sprüche.
[2]) s. o. pag. 29.
[3]) Aehnliches vermuthete Fritzsche a. a. O. pag. XXVII; Ewald, (Jahrbücher der biblischen Wissenschaft 1848) theilt das 24. Cap. in regelmässige Strophen zu je 6 Versen, zu welchem Zwecke er aber viele gar nicht im Text befindliche Verse hinzudichten muss.
[4]) Die Peschito hat nach Vers 18 u. 21 je einen überzähligen Vers.

das zweite Kapitel. Dass dies nicht willkürliche Annahme sei, mag eine strophisch gegliederte Zusammenstellung der Verse 7—17 beweisen:

Die ihr den Herrn fürchtet, harret auf sein Erbarmen,
Und weichet nicht ab, damit ihr nicht fallet.
Die ihr den Herrn fürchtet, vertrauet auf ihn,
Und euer Lohn wird nicht verloren gehen.
Die ihr den Herrn fürchtet, hoffet auf Gutes
Und auf ewige Wonne und auf Erbarmen.

Blicket hin auf frühere Geschlechter und sehet,
Wer vertraute dem Herrn und ward beschämt?
Oder wer ehrfürchtete ihn und wurde verlassen?
Oder wer flehte zu ihm, und er hätte ihn übersehen?
Denn erbarmend und mitleidig ist der Herr,
Vergibt Sünden und rettet in der Zeit der Gefährdung.

Wehe feigen Herzen und lässigen Händen
Und dem Sünder, der wandelt auf zwei Wegen.
Wehe dem schlaffen Herzen, dass es nicht vertraut,
Darum wird es nicht beschirmt werden.
Wehe euch, die ihr verloret das Vertrauen,
Und was werdet ihr thun, wenn der Herr heimsucht?

Die den Herrn fürchten, werden nicht abfallen,
Und die ihn lieben, halten seine Wege inne:
Die den Herrn fürchten, werden suchen sein Wohlgefallen,
Und die ihn lieben, werden voll des Gesetzes.
Die den Herrn fürchten, bereiten ihre Herzen
Und vor ihm demüthigen sie sich.

Daran reihen sich noch, wie im ersten Kapitel und häufig in diesem Buche, zwei kleinere Schlussverse. Interessant ist auch der Anfang des dritten Kapitels. Hier wird eine Versgruppe von sieben Gliedern eingeschlossen von je zwei unter sich correspondirenden Versen, wie folgendes Schema zeigt:

Auf mich, den Vater, höret Kinder
Und thuet also. damit es euch wohlergehe.
Denn der Herr gab Ehre dem Vater von seinen Kindern
Und der Mutter Macht über ihre Söhne;

 Wer den Vater ehrt, sühnt Sünden,
 Und Schätze sammelt, der die Mutter achtet.
 Wer den Vater ehrt, den lieben seine Kinder
 Und am Tage seines Betens wird er erhört.
 Wer den Vater achtet. wird lange leben,
 Und der Gotttesfürchtige erquickt seine Mutter.[1])

 Durch That und Wort ehre deinen Vater
 Dass Segen über dich komme durch ihn;
 Denn des Vaters Segen baut den Kindern Häuser
 Und der Mutter Fluch reisset sie um.

Derartige Beispiele lassen sich noch in Masse häufen. Die grösste Schuld an der Zerstörung jedes augenscheinlichen Zeugen der oft so kunstvollen strophischen Gliederung trägt die heutige wenig rationelle Kapiteleintheilung, welche zusammengehöriges auseinandergerissen und vieles zusammengestellt hat, was weder dem Sinne noch der Form nach zusammenpasst. Ein deutlicher Einschnitt lässt sich nicht verkennen Cap. 4, 11 und Cap. 6, 7; innerhalb dieses sind kleinere Abschnitte zu konstatiren 4, 19 und 6, 4. Vergleicht man nun diese dem Sinne nach sich von einander abhebenden einzelnen Stücke, so findet man, dass auch der Strophenbau jetzt ziemlich gleichmässig ist. Das Stück 4, 11—4, 19 zerfällt in 2 Strophen zu je 5 Versen; das grosse Stück 4, 19—6, 4. welches aus lauter Warnungen besteht, zerfällt in 9 regelmässige Strophen zu je 3 Versen; die letzten 15 Glieder lassen sich nicht in eine Stropheneintheilung bringen, und fast möchte man sich zu dem Schluss geneigt

---

[1]) Im vatikanischen Text folgt ein überzähliger Vers, der in andern griechischen Handschriften und beim Syrer vermisst wird καὶ ὡς δεσπόταις δουλεύσει ἐν τοῖς γεννήσασιν αὐτόν.

fühlen, eine Textescorruption anzunehmen.¹) Endlich bildet die Gruppe von Cap. 6, 4—6, 16 vier deutlich geschiedene Strophen zu je 3 Versen. Nur die letzte Strophe hat einen überzähligen Vers. Das ganze Buch in dieser Weise durchzugehen, dafür ist hier der Platz nicht; auch genügen ja die angeführten Beispiele zur Bestätigung des oben gesagten.

Von solcher bewussten Kunst des Strophenbaues findet sich in den salomonischen Sprüchen nicht leicht eine Spur. Dagegen kommt es häufig vor, dass in beiden Spruch-Sammlungen eine Reihe von Versen strophenartig zusammengestellt ist, die in sich einen Abschluss finden, bald als ausgeführteres Gleichniss, bald als Zahlenspruch, bald als Steigerungsspruch:²)

Spr. 25, 4 f. Man schaffe die Schlacken vom Silber weg,
        So geht dem Goldschmied ein Gefäss hervor,
        Man schaffe die Gottlosen weg vom König,
        So steht fest durch Gerechtigkeit sein Thron.

Spr. 6, 16 ff. Sechs Dinge sind's, die der Ewige hasset,
        Und sieben sind ein Gräuel seiner Seele:
        Hochmüthige Augen, falsche Zunge
        Und Hände, die menschliches Blut vergiessen;
        Ein Herz, das Unheilgedanken brütet,
        Füsse, die eilen, zum Bösen zu laufen,
        Wer Lügen verbreitet als falscher Zeuge
        Und wer zwischen Brüdern Zank stiftet.
        (vgl. 30, 15—32).

---

¹) Die syrischen Handschriften sind in grosser Verwirrung; doch in sämmtlichen fehlt das dem griechischen οὕτως ὁ ἁμαρτωλὸς ὁ δίγλωσσος entsprechende Glied. Dieses aber scheint wörtlich aus 5, 9 entlehnt zu sein. Dem griechischen fünften Gliede ἐν μεγάλῳ καὶ ἐν μικρῷ μὴ ἀγνόει καὶ ἀντὶ φίλου μὴ γίνου ἐχθρός entspricht das syrische סני ווטור לא תסרוח וחלף רחמא לא תהוא בעאא, das jedoch in mehreren Handschriften an der Stelle sich befindet, die dem griechischen οὕτως ὁ ἁμαρτωλός κτἑ entspricht. Ohne dies letztere und das fünfte Glied erhält man zwei dreiversige Strophen, wie oben.

²) s. Delitzsch a. a. O.; Dukes, rabbinische Blumenlese pag. 36.

Sir. 11. 2 f. Preise den Mann nicht ob seiner Schönheit
Und missachte ihn nicht ob seiner Gestalt:
Klein ist die Biene unter den Thieren mit Flügeln,
Und ihr Erzeugniss ist die süsseste Süssigkeit.
Sir. 40, 20 ff. Wein und Musik erfreuen das Herz,
Doch mehr als beides die Liebe zur Weisheit;[1])
Flöte und Harfe spielen schöne Weisen,
Doch über beides geht eine liebliche Sprache.
Sir. 26, 19 ff. Ueber zweierlei ist meine Seele betrübt
Und beim dritten fasst mich Zorn.
Beim Mangel des Kriegers, bei Verachtung der Weisen;
Doch wer sich von der Tugend zur Sünde kehrt,
Den wird der Herr mit dem Schwerte heimsuchen.
(vgl. 23, 16 ff.; 25, 1 ff., 7 ff.; 26, 5 f.).

In der Anordnung des Stoffes scheint sich Sirach ganz das alte Spruchbuch zum Vorbild genommen zu haben. Wie in diesem geht bei ihm den einzelnen Sprüchen eine mehr zusammenhängende Abhandlung als Einleitung voraus, und am Schlusse finden sich wieder grössere zusammengehörige Stücke, bei Salomon die kleinen Schilderungen Agurs, die Königsregeln Lemuels und das alphabethische Loblied auf ein wackeres Weib, bei Sirach die Darstellung des Waltens Gottes in der Natur und der Geschichte Israels. Viel grössere Selbstständigkeit zeigt Sirach hinsichtlich der Sprache und der Diktion. Sein Styl ist ungemein belebt, mannigfaltig und bilderreich; unaufhörlich wechselt Ermahnung und Warnung, Gebot und Verbot, direkte und indirekte Rede, Sentenz, Schilderung, Erzählung; unerschöpflich ist er in der Form rhetorischer Einführung: bald durch Frage,[2]) bald durch Ausruf, bald durch Anrede leitet er über zum neuen Gegenstande. Dabei wechselt mit der Verschiedenheit des

---

[1]) Im syrischen lautet die zweite Vershälfte: וטבא מנה רחמנתה דרחמא doch mehr als beides die Liebe eines Freundes.

[2]) Unbegreiflich ist Eichhorn's Aeusserung (a. a. O. pag. 60), Sirachs Darstellung gehe selten in Fragen und Ausrufungen über; nur

Stoffes auch die poetische Sprache; einmal erhebt sie sich zum dithyrambischen Schwunge, das andere Mal sinkt sie fast zur nackten breiteintönigen Prosa herab, je nachdem der Gegenstand lyrischen oder didaktischen Charakters ist; niemals aber wird sie trocken und trivial. Neben diesen unläugbaren Vorzügen gegenüber den Sprüchen Salomons, entbehrt die siracidische Spruchsammlung hinwiederum der reizenden Naivität, der natürlichen Frische, der pointirten Schärfe, der markigderben Kernhaftigkeit, der Laune und des Humors der alten Sprüche.

---

einige Stellen aus der reichen Menge seien angeführt; für Fragen 2, 10 ff.; 10, 9: 10, 19; 12, 13; 13, 2; 14, 3; 5; 10, 15 ff.; 17, 22; 26; 18, 3 ff.; 18, 15 f.; 22, 12; 23, 18; 25, 11; 28, 4 f.; 34, 10 ff.; -36, 7; 31, 23 ff.; 36, 31; 37, 3; 38, 5; 42, 25; für Ausrufungen 2, 12 ff.; 14, 1 f.; 14, 20 f.; 17, 24; 25, 8 ff.; 28, 19; 34, 19; 42, 22.

Religiöse Zustände und Stimmungen.

Die religiösen Aussprüche und Reflexionen Sirachs wurzeln ganz in den religiösen Anschauungen und Stimmungen seiner Nation und geben ein getreues Spiegelbild der damals herrschenden Zustände.[1]) Darum kann man auch jede seiner Aeusserungen ohne weiteres als Aeusserungen des damaligen jüdischen Volksgeistes und Volksglaubens betrachten. Daneben mögen manche Sprüche auch dem Zwecke gedient haben, herrschende Untugenden und Laster zu geisseln und zur Besserung aufzufordern. Denn man darf nicht ausser Acht lassen, zu welcher Zeit das Werk entstanden ist. „Der Gesichtskreis der Judäer, wenigstens derer in Jerusalem, hatte sich erweitert durch die Berührung und den Verkehr mit Griechen .... die Sitteneinfalt litt durch den plötzlichen Umschwung eine unerfreuliche Einbusse .... von Alexandrien drang der verderbliche Einfluss der Lehre Epikurs nach Jerusalem, und man fing auch hier an zu grübeln und sich über die Lehre des Judenthums hinwegzusetzen."[2]) Einige wollten sogar in Sirach selbst alexandrinische Elemente entdeckt haben und bezeichneten viele Stellen als rationalistisch und von griechischer Philosophie beeinflusst,[3]) sicher aber mit Unrecht. Vor allem

---

[1]) s. Jost, Geschichte des Judenthums I pag. 300 ff.
[2]) Graetz, Geschichte der Juden II b. pag. 251 ff.; vgl. Jost a. a. O. pag. 312.
[3]) So vor allen Gfrörer, Philo und die alexandrinische Theosophie II pag. 18 ff.; Dähne, geschichtliche Darstellung der jüdisch-alexandrinischen Religionsphilosophie II pag. 141 ff.; s. dag. Ewald, Geschichte des Volkes

war es der Begriff der Weisheit,[1]) in welchen man alles mögliche und unmögliche hineingelegt hat. Dem einen ist die Weisheit ein von Gott unterscheidbares Princip seiner ewigen Wirksamkeit,[2]) dem andern ein etwas neben Gott existirendes, ein Mittelding zwischen Personifikation und Hypostase,[3]) dem dritten endlich ist sie eigentliche Hypostase[4]) oder gar gleichstehend dem alexandrinischen Logos.[5]) Weitere Stellen, die auf griechischen Einfluss hinweisen sollen, sind folgende:

Sir. 17, 17: Jedem Volke setzte er einen Engel vor, aber des Herren Antheil ist Israel;[6]) ferner 44, 16: Henoch gefiel dem Herrn und ward in den Himmel versetzt, ein Beispiel der Busse für die Geschlechter;[7]) 24, 12: Und ich

---

Israel IV² pag. 303 ff.; Graetz in Frankels Monatsschrift 1872 pag. 104 ff.; bes. Freudenthal, die Flav. Josephus beigelegte Schrift über die Herrschaft der Vernunft pag. 38 und hellenistische Studien pag. 74.

[1]) vgl. dar. o. pag. 21 und Bretschneider, systematische Darstellung der Dogmatik der Apocryphen des alten Testam. pag. 228 ff.; Umbreit, Commentar über die Sprüche Salomons pag. LI; Bruch a. a. O. pag. 284—319; Oehler, die Grundzüge der alttestamentlichen Weisheit in den Tübinger Universitätsschriften 1854.

[2]) so Bruch a. a. O. pag. 288.

[3]) Langen, das Judenthum in Palästina zur Zeit Christi pag. 253.

[4]) Gfrörer a. a. O.

[5]) Frank, Kabbale pag. 333 f.; s. dag. Herzfeld a. a. O. III pag. 413 und Joël, Religionsphilosophie des Sohar pag. 369 ff.

[6]) Ueber diesen Vers ist viel geschrieben worden. Die richtige Auffassung findet sich wohl in Sachs, Beiträge zur Sprach- und Alterthumsforschung II pag. 148, woselbst gesagt ist, dass an dieser Stelle die Anschauung hervortrete, dass die heidnischen Völker jedes im Himmel seinen Fürsten habe, während Israel der Antheil Gottes sei (5. Mos. 32, 8). „Diese Anschauung ist denn auch in die Agadah übergegangen: Gott stürze nicht eher eine Nation, als bis er den über sie waltenden Himmelsfürsten gestürzt."

[7]) ὑπόδειγμα μετανοίας steht im griechischen; das soll philonisch sein, eine Allegorisirung der Busse vgl. Gfrörer und Dähne a. a. O.; auch Frankel, Einfluss etc. pag. 44 neigt zu dieser Ansicht und hält den Vers für interpolirt; Geiger, Urschrift pag. 197 f. übersetzt: als Vorbild der Sinnesbesserung für die kommenden Geschlechter (diese sollen besser, so

fasste Wurzel im gepriesenen Volke, im Theile des Herrn, seinem Besitze.¹)

Es liessen sich noch mehr solcher Stellen anführen, doch ist deren vermeintliche Beweiskraft schon längst erschüttert worden.

Im einzelnen ist nun das Bekenntniss des von Sirach vertretenen Judenthums folgendes:²)

Gott ist das absolut höchste,³) vollkommenste Wesen; er ist Schöpfer, Regierer und Erhalter des Alls (33, 1 ff.; 50, 22; 43, 28. 29). Zu den Eigenschaften der Vollkommenheit rechnet Sirach die Einheit (33, 5), Ewigkeit (39, 20), reine Geistigkeit (33, 31),⁴) die Allmacht (39, 18), Allgegenwart (43, 27), Allwissenheit (15, 18), Allweisheit (1, 1 f.), Allgüte (2, 18), Allgerechtigkeit (32, 12), Allheiligkeit (15, 13).

Dem Preis und der Verherrlichung Gottes als Schöpfer der Natur und Leiter der menschlichen Geschicke ist der ganze letzte Abschnitt des Buches von Cap. 42 bis Cap. 50 gewidmet, in welchem Sirach ein begeistertes Loblied anstimmt auf Gott, der sich so herrlich und wunderbar in der Natur und der Geschichte des Volkes Israel geoffenbart.

Wie verhält sich aber Sirach zu den schwierigen Problemen, welche die Annahme einer allweisen und allgütigen Regierung Gottes oder Vorsehung ergibt, wie spricht er

---

gut wie Henoch werden). Dag. macht Fritzsche z. St. mit Recht geltend, dass dieser Sinn nicht in den Worten liege; Henoch selbst muss gesündigt haben.

¹) vgl. Dähne a. a. O. pag. 141 f.
²) Zum folgenden vgl. Bretschneider, liber Jesu Siracidae, excursus IV und V; systematische Darstellung der Dogmatik der Apocryphen des alten Testaments; Merguet, die Glaubenslehre des Buches Sirach (im Programm des Königsberger Gymnasiums 1874); Stäudlin, Geschichte der Sittenlehre Jesu I pag. 385 ff.
³) Häufig findet sich bei Sirach der Ausdruck ὕψιστος für das hebräische עליון; vgl. dar. Geiger a. a. O. pag. 33.
⁴) Fritzsche scheint die Verse 27—32 des 43. Cap. übersehen zu haben, wenn er meint (a. a. O. pag. XXXIII), zur reinen Geistigkeit Gottes hätte sich Sirach nicht erheben können.

sich aus über Willensfreiheit und Vergeltung, wie erklärt er das viele böse, das in der Welt herrscht? Zunächst den letzten Punkt betreffend, geben die folgenden Verse deutlich die Ansicht des Dichters zu erkennen:

39, 16. Alle Werke des Herrn sind sehr gut
. . . .
Man darf nicht sagen: Was ist dieses und warum?
. . . .
. . . .
Das Gute ist für die Guten geschaffen von je,
So auch das Schlechte für die Bösen.
. . . .
. . . .
Es gibt Winde, die zur Strafe geschaffen sind,
. . . .
. . . .
Blitz und Hagel und Huugersnoth und Sterben
. . . .
Wilder Thiere Zähne, Skorpionen und Nattern
Und das Schwert, das an den Sündern Rache nimmt.

41, 10. Wider die Gottlosen ist all dies geschaffen,
War ja auch ihretwegen die Sintfluth.

Ueber menschliche Willensfreiheit äussert sich Sirach folgendermassen:

15, 15. Gott schuf von Anfang an den Menschen
Und überliess ihn (dann) seinem Rathschluss.
Wenn du willst, hältst du die Gebote,
Und treu zu sein, ist dir anheimgestellt;
Feuer und Wasser hat er dir vorgelegt,
Wohin du magst, kannst du die Hand ausstrecken,
Vorgelegt ist den Menschen Leben und Tod.

Tiefer dringt er nicht in die Schwierigkeit ein und warnt auch andere vor allzuvielem Grübeln:

3, 21. Was dir zu schwer ist, dem gehe nicht nach,
Und was über deine Kraft ist, erforsche nicht,

Was dir vorgeschrieben, darauf denke.¹)

Schwieriger ist die Lösung des dritten Problems, warum es den Guten oft so schlimm, den Frevelhaften oft so gut auf Erden gehe. Glaubt Sirach an eine Vergeltung nach dem Tode, an eine Auferstehung? Sicher ist, dass das sopherische Zeitalter, dem Sirach angehört, mit Gier den aus der Religion des Zoroaster in das Judenthum übergegangenen Glauben mit allen seinen zauberischen Vorspiegelungen und phantastischen Ausmalereien der zukünftigen Welt aufgriff und ausbildete. Die Engel- und Dämonenlehre, Paradies und Hölle wurden Glaubensartikel im Judenthum.²) Findet sich davon eine Spur in Sirach? Viele haben diese Frage mit ja beantwortet, aber die Stellen, welche sie zum Belege anführen. sind zweifelhaft genug.³) Eine Stelle, die ausdrücklich vom Leben nach dem Tode, ja auch nur von der Unsterblichkeit der Seele handelt, findet sich unter Sirachs Sprüchen nicht, dagegen viele Sprüche, welche die Vergänglichkeit des Menschen betonen und sein völliges Aufhören nach dem Tode des Leibes in nackten Worten ausdrücken (40, 11; 14, 16; 17, 27; 11, 19; 28, 23 u. s. w.). Von Engeln ist an zwei Stellen die Rede (48, 21 und 17, 14) von Dämonen

---

¹) χαλεπώτερά σου μὴ ζήτει καὶ ἰσχυρότερά σου μὴ ἐξέταζε. ἃ προσετάγη σοι, ταῦτα διανοοῦ; im Talmud (Chag. 16 a.) wird diese Stelle fast wörtlich angeführt, ebenso im Midrasch rabba, woselbst sie eingeleitet wird mit den Worten: ר' אלעזר בש בר סירא אמר Das übersetzt Eichhorn a. a. O. pag. 79 (ebenso Berthold, Einl. in das alte und neue Testament): „unter dem Namen R. Eleazar Ben Sira wird angeführt" etc.! Wunder genug, dass Eichhorn nicht in Folge dessen auf den Einfall kam, Josua ben Sira in Eleasar ben Sira umzuwandeln. — Zu dem oben angeführten Satze vgl. noch Graetz, Gesch. II b. pag. 255 u. Anm. das.

²) s. dar. Graetz a. a. O. pag. 204 ff.

³) s. Herzfeld a. a. O. III pag. 296 ff.; Langen a. a. O. pag. 342 u. 462. Eine einzige Stelle 48, 11 καὶ γὰρ ἡμεῖς ζωῇ ζησόμεθα könnte mit Recht als Beleg dafür angeführt werden, dass Sirach an eine Auferstehung geglaubt. Aber schon Bretschneider, System etc. pag. 352 hält die Stelle für ein späteres Einschiebsel; Fritzsche (z. St.) deutet sie messianisch; vgl. auch Geiger, Zeitschrift der DMG pag. 538.

nirgends.¹) Von einer messianischen Stelle ist gewiss keine Spur in Sirach zu finden.²) Ja einige Sprüche finden sich in seinem Buche, die gleichsam als Consequenz seiner Nichtannahme der Auferstehung betrachtet werden können, Sprüche, die zu heiterm ungetrübten Lebensgenuss auffordern, erinnernd an den Schiller'schen Vers: Morgen können wir nicht mehr, darum lasst uns heute leben.

14, 11. Entziehe dich nicht einem guten Tage,
Und lass dir erlaubten Genuss nicht entgehen.
Wirst du nicht dein Erbe andern hinterlassen,
Wofür du gearbeitet, zur Vertheilung durch's Loos?
Gib und nimm und stimme freudig dein Herz,
Im Grabe gibt es keine Freude mehr.³)

Mit der Lösung der Frage aber nach Ausgleichung der Ungerechtigkeit in der Welt beschäftigt sich Sirach nicht viel.⁴) Seine Auskunft ist eigentlich die denkbar einfachste und leichteste, die es gibt; denn er läugnet geradezu die Ungerechtigkeit:

---

¹) 21, 27 wird der Satan erwähnt: ἐν τῷ καταράσθαι ἀσεβῆ τόν σατανᾶν αὐτὸς καταράται τὴν ἑαυτοῦ ψυχήν. Herzfeld a. a. O. pag. 299 hält diese Stelle für eine rationalistische Polemik gegen diejenigen, welche dem Satan den Anreiz zur Sünde zuschrieben. Luther (über dessen Uebersetzung zu vergleichen ist W. Grimm in der Z S für wissenschaftl. Theol. XV pag. 251 ff. und Conz in Henke's Museum für Religionswissenschaften II) übersetzt: Wenn der Gottlose einem Schalk flucht, so flucht er sich selber.

²) Ewald, Gesch. IV² pag. 299 ff. erklärt die Stellen 4, 15; 10, 14 f.; 16, 5; 32, 17 f.; 33, 1 ff.; 36, 17 ff.; 37, 25; 39, 23; 24, 25; 48, 15 f. für messanisch; die meisten dieser Stellen werden unten noch besprochen.

³) vgl. die talmudische Stelle (Erubin 53 a.) אמר ליה רב לרב המנונא בני אם יש לך היטיב לך כי אין בשאול תינוג ואין למות ;התמהמה ואם תאמר אניח לבני ולבנתי חק בשאול מי יודע לך בני אדם דמים ליצתבי השדה הללי ניצצין יהללי ניבלי׃. Von Sirachs Zeitgenossen, Simon dem Gerechten, wird an verschiedenen Stellen im Talmud berichtet, dass er ein Feind aller Nasiräatsgelübde gewesen sei und an den Opfern der Nasiräer keinen Antheil genommen habe. Nur eine einzige Ausnahme erzählt der Talmud Nasir 4 a. Nedarim 9 b. u. öfters; siehe die Erzählung auch bei Graetz a. a. O. p. 241.

⁴) Nur im zweiten Capitel scheint er einen Lösungsversuch anstellen zu wollen, indem er die Leiden als Mittel der Prüfung und Läuterung

11, 24. Leicht ist es dem Herrn,
Am Tage des Todes¹) dem Menschen zu vergelten.
Eine Stunde Leid macht das Wohlleben vergessen,
Und am Ende werden des Menschen Werke offenbar.
Vor dem Tode preise Niemanden glücklich,
Und in seinen Kindern wird der Mann erkannt.²)
(vgl. 14, 11ff.).

Von der Erscheinung der äussern Dinge, von der Schöpfung der Welt und des Menschen, von dessen Natur und Bestimmung hat Sirach die althergebrachten biblischen Anschauungen. Einige besonders interessante Stellen seien hier hervorgehoben.

Nach Cap. 43, 14 erscheint der Himmel als festes Gewölbe mit Vorrathskammern, in welchen Schnee und Wolken und Blitze und Winde aufgehäuft sind (vgl. 5. Mos. 28, 12; Hiob 38, 22; Jer. 10, 13 u. 51, 16). Ob der Ausdruck 16, 16 der Himmel und des Himmels Himmel auf die rabbinische Vorstellung von mehreren Himmeln über einander anspiele, ist zweifelhaft.³) Eine scheinbare Abweichung von der biblischen Ueberlieferung findet sich Cap. 46, wo von Josua die Rede ist. Vers 4 lautet: Ging nicht rückwärts die Sonne, und ward nicht ein Tag zu zweien?⁴) Dem Monde

---

erklärt. Das ist die Ansicht von Ben Seeb in seinem Commentar zum Anfang des zweiten Capitels: ולפי שהקדים החכם בפרשה הראשונה להבטיח כל טוב לירא' ה' ולחושבי שמו בא להורות בפרשה שאחריה כי יתכן ג"כ לצדיק י"צ הבחינה והנסיון. עד כי את אשר יאהב ה' יוכיח ב'..

¹) Hier ist selbstverständlich nicht vom Leben nach dem Tode die Rede, sondern der Sinn ist: bevor man stirbt, selbst noch in der Todesstunde. In der Peschito fehlt der Ausdruck.

²) Ueber diesen Vers s. u. pag. 46 f.

³) vgl. Gesenius, Wörterbuch s. v. שמי'. Luther übersetzt: der ganze Himmel allentbalben.

⁴) οὐχὶ ἐν χειρὶ αὐτοῦ ἀνεπόδισεν ὁ ἥλιος, καὶ μία ἡμέρα ἐγενήθη πρὸς δύο; die Peschito hat קם (entsprechend dem hebräischen ידם) die Vulgata impeditus est, was mit der Erzählung in Josua übereinstimmt. Der zweite Halbvers entspricht sachlich vollständig dem bei Josua erzählten

schreibt Sirach (43, 6) die Eigenschaft zu, als Zeichen der Zukunft zu dienen, während sich sonst kaum eine abergläubische Stelle in seinem Buche findet. Ja, er warnt vor Aberglauben:

31, 6. Wahrsagungen und Vorbedeutungen und Träume
     sind nichtig
. . . .
. . . .
Richte nicht dein Herz auf sie;
Denn viele haben Träumereien irregeführt,
Sie hofften auf sie und gingen verlustig der Hoffnung.

Ueber die Stelle 36, 7 ff.: Warum ragt ein Tag vor dem andern hervor etc., in welcher man die von der zoroastrischen Religion überkommene Lehre vom Gegensatz erblickte,[1]) wird weiter unten die Rede sein. Cap. 25, 23 heisst es: Von einer Frau kommt der Anfang der Sünde und ihrethalben sterben wir alle. Dass hier nicht von der Erbsünde die Rede sei, ist klar;[2]) Sirach hält sich einfach an den Sinn der biblischen Erzählung. In der oben angeführten Stelle 11, 24 ff. lautet der letzte Vers: Vor dem Tode preise Niemanden glücklich, und in seinen Kindern wird der Mann erkannt. Man versteht Anfangs nicht recht, wie die letzte Hälfte hierher passt; darum wollten einige sogar anders lesen;[3]) vergleicht man aber z. B. Cap. 41, 6: das Erbe der Kinder von Gottlosen geht unter, und die Nachkommen derselben werden allemale beschämt, so erkennt man, dass in diesen Versen eine Anspielung auf die Lehre von der Uebertragung der Schuld von Eltern auf Kinder enthalten sei.

Hergang; es heisst dort (10, 13) ולא אין יביא כיום תמים d. h. fast einen zweiten ganzen Tag.

[1]) vgl. Graetz, Gnostizismus und Judenthum pag. 120 ff.; dort hält Graetz die Stelle für ein Einschiebsel; später urtheilt er anders, worüber u. pag. 54 u. 59.
[2]) s. Fritzsche z. St.
[3]) s. Bretschneider z. St.

Die Sittenlehre Sirachs ist sehr rein und edel; höchstens könnte man sich an wenigen Stellen stossen, an denen der Weltklugheit zu sehr das Wort geredet wird, z. B. 3, 29; 7. 35; 9, 6; 12, 1 f.; 18, 30; 29, 3 f.; 29, 11 ff.; 27, 30 f. — Ein anderer Tadel, der Sirach gemacht wurde, bezieht sich auf Aeusserungen der Unversöhnlichkeit und Härte gegen Feinde. Als hierher gehörig werden citirt Cap. 33; 25, 7; 12,10ff.; 30,6.[1]) Doch verschwindend klein ist die Anzahl dieser Stellen, die aus dem, angesichts der Demüthigung Israels und der Ausschreitungen der Feinde momentan aufbrausenden Gemüthe des Dichters, hervorzuquellen scheinen, gegenüber den erhabenen Lehren der Moral und Sittlichkeit, an deifen sein Buch überreich ist. Zwei Tugenden insbesondere wird er nicht müde zu preisen גמילות חסדים werkthätige Hilfsleistung und צדקה Almosenspenden, Tugenden, die beim israelitischen Volke tief in's Leben eingedrungen, die nicht bloss auf dem Papiere standen als erhabene Sentenz, sondern geübt wurden mit warmem Herzen und mit starkem Arm[2]) (vgl. Sir. 28, 1 f ; 10. 6; 4, 1 ff.; 7, 32 ff.; 12, 1 ff.; 18, 14 ff. und besonders 17, 17, an welcher Stelle als Gegensatz der Sünde nicht die Tugend überhaupt, sondern ἐλεημοσύνη hervorgehoben wird)

Der Lieblingsgedanke der jüdischen Nation, der sich nach der Rückkehr aus dem Exil erst ausgebildet hatte, dass Gott Israel aus allen Völkern erkoren habe, findet auch bei Sirach vielstimmigen Wiederhall, besonders im 33. und 24. Kapitel.[3]) Im letzteren wird mit poetischer Begeisterung geschildert, wie die Weisheit die Welt durchwandert habe nach einer Ruhestätte; da, so führt sich die Weisheit selber ein,

Da gebot mir der Schöpfer aller Dinge,
Der mich schuf, verlieh Ruhe meinem Zelte;

---

[1]) s. Bruch a. a. O.
[2]) s. Graetz. Gesch. II b. pag. 177.
[3]) Eine prachtvolle Rückübersetzung dieses Capitels von Wessely findet sich בן נצול II. Einl. fol. 15 b.

Nimm Wohnung, sprach er, in Jakob,
In Israel nimm Besitz.
Beim Uranfang schuf er mich seit Ewigkeit,
Und in Ewigkeit werde ich nicht aufhören.
Im heiligen Stiftszelt diente ich vor ihm,
Dann hab' ich mir Stätte gegründet in Zion,
In der geliebten Stadt verlieh er Ruhe mir,
In Jerusalem ist meine Herrschaft.
So fasst' ich Wurzel im gepriesenen Volk,
In Gottes Antheil und Besitz.

Nun folgt eine Menge wundervoller Bilder, die alle der Verherrlichung der in Jerusalem thronenden Weisheit gelten; dann heisst es Vers 22 weiter:

All dies gilt vom Buche des Bundes des Höchsten,
Vom Gesetz, das anbefohlen Moses als Besitz der
Gemeinde Jakobs.

Darin besteht also die Auserwähltheit Israels, dass ihm vor allen Völkern das Gesetz gegeben ward, und dadurch kann es seinen Vorzug bewähren, dass es treu dem Gesetze anhängt. So führt die Auserwählung, der Bund Gottes mit Israel, welcher gipfelt in den Worten der Schrift: Ihr sollt mir ein priesterlich Reich sein und ein heiliges Volk (2. Mos. 19, 6), ohne Zwang zu den speziellen Vorschriften und Gebräuchen der israelitischen Religion hinüber.

Der Gottesdienst bestand damals in Opfer und Gebet. Sirach legt grosses Gewicht auf die Darbringung von Opfern vgl. 14, 11; 32, 6ff.; 38, 11; doch Opfer, die bestimmt sind, Gott gleichsam zu bestechen, Straflosigkeit sich durch dieselben zu erkaufen, sind verwerflich (7, 9; 32, 12); das beste Opfer bringt Gott der, welcher seine Gebote hält, vgl. 32, 1.

Wer das Gesetz hält, opfert viele Gaben,
Dankopfer bringet, wer an's Gesetz sich hält;
Wer Dank vergilt, bringt Speiseopfer.
. . . .
Gott wohlgefällig ist, von Schlechtigkeit abstehen,
Von Frevel lassen, ist Versöhnung.

Vor leichtsinnigen Gelübden (18, 22) und Schwüren (27, 14; 23, 9 ff.) warnt er aufs allereindringlichste, doch schärft er ein, Gelübde, die man gethan, ja nicht aufzuschieben (28, 21). Fasten und Kasteiungen ohne wirkliche Besserung haben keinen Werth (31, 5 f.). In gleicher Weise spricht Sirach vom Gebete; es ist an sich gut und ein Mittel zur Versöhnung (32, 13 ff.; 38, 9; 7, 10). Aber Gebet ohne Demuth, ohne wirkliche Besserung nützt nicht (31, 26).[1]) Eigenthümlich ist die Warnung 7, 14: Wiederhole nicht die Worte in deinem Gebete.[2]) Das Tischgebet wird erwähnt 35, 13.

Von speziellen Religionsvorschriften und Ceremonien ist nur wenig die Rede. Eine Stelle (36, 7 ff.) handelt von Sabbath und Festtagen:

Warum ragt ein Tag vor dem andern hervor,
Kommt doch jeglichen Tages Licht von der Sonne?
Durch des Herrn Weisheit wurden sie unterschieden,
Und er macht verschieden Zeiten und Feste:
Von den Tagen erhöhte und heiligte er welche.

Reinigung nach Berührung eines Leichnams (31, 25), siebentägige Trauerzeit um den Todten (22, 12; vgl. 38, 17),[3]) Freilassung des Sklaven (7, 21) sind auch nur nebenbei erwähnt.

Von Priestern hingegen spricht Sirach sehr oft und fordert auf zur Entrichtung des Zehnten und der Tempelabgaben.

7, 31. Fürchte den Herrn und ehre den Priester
Und gib ihm seinen Theil, wie dir befohlen:

---

[1]) vgl. Mischna Joma 8, 9: האימר אחטא ואשיב: אשיב אחטא אין מספיקין בידו לעשית תשובה. אחטא ויום הכפירים מכפר אין יום הכפורים מכפר ב׳.

[2]) Hierher gehört vielleicht der Ausspruch Mischna Berachoth 5, 3 האימר מידים מידים משתקין אתו, der freilich von der Gemara anders auf gefasst wird.

[3]) An der ersteren Stelle werden 7, an der zweiten 1 oder 2 Tage als Trauerzeit genannt. Frankel, Einfluss etc. p. 53 u. 159 Anm. bezieht die 7 Tage auf häusliche, die 2 Tage auf äussere Trauer (Leichenreden).

Erstlinge¹) und Schuldopfer²) und Schenkelgabe.³)
Und heiliges Opfer⁴) und Erstlinge der Heiligen.⁵)
Aehnlich ist die Stelle 32, 8 f. und 45, 20 f. — Urim und Thumim sind erwähnt Cap. 36, 3: Der einsichtsvolle Mann vertraut dem Gesetze und das Gesetz ist ihm treu, wie der Ausspruch der Wahrheit verkündenden Urim und Thumim.⁶) Eine interessante Schilderung der hohepriesterlichen Pracht und des Glanzes des Gottesdienstes findet sich Cap. 45, 7—22, an welcher Stelle anlässlich des Loblieds auf Aaron, besonders die hohepriesterliche Kleidung beschrieben wird, und im 50. Kapitel, welches begeistert den Glanz Simons des Gerechten besingt. Mit glühenden Farben

---

¹) s. 5. Mos. 26, 2 ראשית כל פרי האדמה.

²) Hierunter ist das 3. Mos. Cap. 5 und Cap. 7, 1—7 erwähnte אשם verstanden, nicht חטאת; חטאת übersetzt die Septuaginta durch περί τῆς ἁμαρτίας, während אשם durch περί τῆς πλημμελείας. Die Unterscheidung beider Opfer ist sehr schwer; s. dar. Maimonides, More nebochim 3, 46 und Abravanel (Abarbanel) Vorrede zum Levitikus.

³) שוק התרומה Schenkel der Hebe; dieser gehörte den Priestern von den Friedensopfern שלמים זבחי; s. 2. Mos. 29, 22. 27 und öfters.

⁴) Was hierunter zu verstehen sei, ist nicht ganz klar; im Text steht θυσία ἁγιασμοῦ; vielleicht ist damit das unblutige Speiseopfer מנחה gemeint; s. 3. Mos. Cap. 2; das drückt auch das syrische לחמא דקורבנא aus. Wie Bretschneider (z. St.) hiebei an den Schenkel des Heiligthums denken konnte, ist nicht zu verstehen, zumal diesen der Priester gar nicht bekam, da er für den Bau der Stiftshütte verwendet wurde, s. 2. Mos. 38, 25 ff.; Gutmann (a. a. O. z. St.) übersetzt Reinigungsopfer; damit ist wohl חטאת gemeint vgl. 3. Mos. 14, 19.

⁵) Auch dieser Ausdruck (griech. ἀπαρχή ἁγίων) ist schwierig. Die Hebe kann nicht darunter verstanden sein, weil sie nicht in den Erstlingen bestand. Gutmann übersetzt: Die Erstlinge von allen heiligen Dingen; dann wären damit die 4. Mos. 18, 14. 15 und 4. Mos. 15 20 f. (3. Mos. 24, 9) genannten Dinge gemeint חרם, פטר רחם, חלה. Bretschneider und Fritzsche fassen ἀπαρχή ἁγίων als מעשר שני auf, als den Zehnten, welche die Leviten den Priestern geben mussten; dann ist ἁγίων genetivus subjektivus.

⁶) s. Grätz, Gesch. II b. p. 175 Anm. 3; auch der goldene Leuchter im Tempel ist einmal erwähnt 26, 17.

wird er geschildert, wie er am Versöhnungstage[1]) im Tempel seines Amtes waltet. Die Stelle verdient schon wegen ihrer dichterischen Schönheit, besonders aber, weil sie die ganze Liturgie des Tempeldienstes am Versöhnungstage enthält, hier wiedergegeben zu werden:

„Wie war er herrlich bei des Volkes Umzug,[2])
Wenn er hervortrat aus des Tempels Vorhang:
So strahlt der Morgenstern am Wolkenhimmel,
So glänzt der Vollmond in der Erndte Tagen.[3])
So blinkt der Sonne Gold auf Zions Tempel,[4])
So leuchtet im Gewölk der Regenbogen.
So blüht die Rose in dem jungen Lenz,[5])
Die Lilie am frischen Wasserquell,
Zur Sommerzeit auf Libanon die Ceder;[6])
So ist des Feuers Glanz, des Weihrauchs Duft,
So schimmert eine goldene Schale, von
Juwelen eingefasst und Edelsteinen,
Ein Früchte treibender Olivenbaum,
Eine Cypresse, die zum Himmel ragt.
Wenn er das prächtige Gewand genommen[7])

---

[1]) s. Derenbourg a. a. O. pag. 49 Anm. 1: les mots οἴκου καταπετάσματος de l' interieur du rideau (cfr. Levit. 16, 2) ne laissent pas de doute qu' il s' agit du jour du grand Pardon; vgl. auch Fritzsche z. St. und über den Vorhang Joma 5, 1.

[2]) vgl. Ewald, Gesch. IV² p. 311.

[3]) Nach dem syrischen ביומי ניסן סהרא איך; das griechische ἐν ἡμέραις gibt keinen rechten Sinn.

[4]) Diesen Glanz schildert Josephus, jüd. Krieg 5, 5, 6.

[5]) Diese Verse dienten dem Verfasser des Loblieds auf den Hohepriester im Mussaphgebet des Versöhnungstages zum Vorbild; wörtlich entnommen scheinen die Wendungen מה נהדר, כבכב הניצה כראה זריחת. כדמות הקשת בשושנת s. Rapoport, Kalir p. 116; Zunz a. a. O. p. 103 Anm.; Delitzsch, j. P. pag. 21.

[6]) Der Syrer hat איך אילנא דלבנן, also nicht Weihrauchbaum, wie Fritzsche übersetzt.

[7]) vgl. Joma 3, 4 הביאו לי בגדי זהב

Und angethan den ganzen Priesterschmuck
Hinanstieg zu des heil'gen Altars¹) Stufen,
Da ward des Tempels Vorhof wie verklärt;
Wenn er die Stücke aus der Priester Hand
Empfing und dastund an des Altars Rande,
Ein Kranz von Brüdern rings um ihn geschaart,
Wie eine Ceder ragte er empor,
Und sie umgaben ihn wie Palmenstämme;
Und alle Söhne Aarons reich geschmückt,²)
Das Opfer brachten sie dem Ew'gen dar
In Gegenwart der Kinder Israels.
Wie er vollendet dann des Altars Dienst
Und reich geziert des höchsten Gottes Opfer,
Nach der Trankopferschaale griff er dann³)
Und spendete vom edlen Traubenblut;
Er goss es auf den heil'gen Altar aus,
Dem Herrn zum wohlgefälligen Geruch:
In die Trompeten stiessen Aarons Söhne⁴)
Und laut erhuben ihre Stimme sie,
Dem Volke ihren Segen zu ertheilen.⁵)
Und alles Volk fiel nieder auf sein Antlitz
Und bückte sich und betete zum Herrn,
Ein Loblied stimmte an der Sänger Chor,
Und lieblich scholl im Tempel ihr Gesang;

---

¹) Natürlich ist hierunter der Brandopferaltar verstanden; der ganze Opferdienst ist ausführlich beschrieben Joma 3, 8 ff.

²) s. Tamid 1, 1; Chronik 2, 5, 12.

³) s. Joma 3, 3 את החבתין ואת היין . . . . להקריב . . . . גבנס. (Tamid 7, 3.) —

⁴) s. Tamid 7, 3; nach 4. Mos. 10, 10 sollte geblasen werden bei Darbringung der Opfer, nicht bei der Weinspende. Damit stimmt 2. Chron. 7, 6 u. 29, 25 ff.; an der letzteren Stelle sowie Tamid a. a. O. ist auch vom Niederfallen des Volkes die Rede. — Im griechischen finden sich noch einige Worte vor diesem Verse, die in der Peschito fehlen und auch unnöthig sind.

⁵) Nach der Peschito למברכו קדם כלה עמא; im griech. steht: εἰς μεγαλοσύνην ἔναντι ὑψίστου.

Da flehte auch das Volk zu Gott dem Herrn
Und betete zum Allbarmherzigen,
Bis die Verherrlichung vorüber und
Der ganze Gottesdienst beendet war. —
Und jetzo stieg er nieder und erhub
Die Hände über Israels Gemeinde,
Den Segen des Allmächt'gen zu ertheilen
Und seinen heiligen Namen anzuflehn.[1])
Und wieder fiel das Volk zur Erde nieder,
Um des Allmächt'gen Segen zu empfahn."

---

[1]) s. Joma 6, 2; Tamid 7, 2. —

Politische Zustände und Stimmungen.

Wenn unter den Historikern und Erklärern Sirachs eine so gewaltige Meinungsdifferenz herrscht bezüglich seines Zeitalters, so muss — möchte man versucht sein anzunehmen — sein Buch selbst entweder gar keine Stellen enthalten, die auf die äussere Zeitlage anspielen, oder diese Stellen müssten zum mindesten sehr vieldeutig sein. Beide Annahmen sind jedoch unrichtig. Es findet sich in dem Buche eine unverkennbar deutliche Anspielung auf seine Zeit; aber dieselbe ist von allen früheren Auslegern theils übersehen, theils falsch gedeutet worden bis auf Graetz, der mit scharfem Blicke dieselbe erkannt und auf ihren Grund eine Hypothese aufgebaut hat, der nicht viel bis zur evidenten Sicherheit fehlt.[1])

Schon vielen der Ausleger fiel die besondere Hervorhebung der Priester bei Sirach auf, und einige hielten darum Sirach für einen Priester,[2]) andere glaubten darin den Hauptgrund erblicken zu dürfen, wesshalb Sirach von den Rabbinen aus dem Kanon der heiligen Schriften ausgeschlossen worden sei.[3]) Auffallen musste einem jeden, der sich näher mit

---

[1]) In dem mehrfach citirten Aufsatze: die Söhne des Tobias, die Hellenisten und der Spruchdichter Sirach (Monatsschrift 1872); vgl. Geschichte IIb. pag. 287 ff.

[2]) Zunz a. a. O. pag. 160; Nöldeke a. a. O. pag. 157 ff.; Linde, (Uebersetzung Sirachs)² pag. IX.

[3]) Geiger in dem öfters angeführten Aufsatze: Warum gehört das Buch Sirach zu den Apocryphen (Z S der DMG pag. 538): „Unlieb ist den Pharisäern die entschiedene Vorliebe für das Priestergeschlecht und dessen zadokitischen Herrscherstamm".

Sirach beschäftigte, seine ganz ungewöhnliche Art und Weise von den Priestern zu reden. Einige Stellen sind oben[1]) citirt worden. Besonders ins Auge fallend ist die eigenthümliche Hervorhebung Aarons, dessen Lobe 29 Verse gewidmet sind, während Moses sich mit 9 Versen begnügen muss. Doch man höre einige dieser Verse selbst:

45, 7. Gott schloss mit ihm einen ewigen Bund
Und gab ihm das Priesterthum des Volkes.[2])

13. Kein Fremder legte je die Priestergewänder an,
Nur seine Söhne allein und seine Nachkommen ewiglich.

15. Es ward ihm zum ewigen Bunde
Und seinem Samen bei den Tagen des Himmels,
Dass er diene dem Herrn und des Priesteramts walte
Und in Seinem Namen segne sein Volk.
Er erwählte ihn aus allen Lebendigen,
Darzubringen Opfer dem Herrn.

20. Und Er vergrösserte Aarons Glanz
Und gab ihm Besitz,
. . . .
. . . .
Den Er ihm verlieh und seinem Samen.

Nun folgt in den nächsten 7 Versen das Lob des Hohepriesters Pinchas:

Mit ihm ward der Bund des Heiles geschlossen,
Vorsteher der Priester und seines Volkes zu sein,
Damit ihm und seinem Samen verbliebe
Des Priesterthums Herrlichkeit in Ewigkeit. —
Wie der Bund mit David Isai's Sohn aus Juda's
Samm war,
Dass des Königthums Erbe nur gehe von Sohn
auf Sohn,

---

[1]) pag. 49 ff.

[2]) Graetz vermuthet, dass im hebräischen Original עם עולם gestanden habe, wofür der Uebersetzer las עם und übersetzte ἐξουσίαν λαοῦ; (im syrischen steht ein ganz anderer Nachsatz, auch der Vordersatz lautet anders wie im griechischen).

Also gehört des Hohepriesterthums Erbe dem
Aaron und seinem Samen.

Warum fortwährend die Betonung der Ewigkeit des
Priesterthums bei Aarons Geschlecht? Sieht das nicht aus
wie Furcht, es möchte anders werden, wie Mahnung, die
Heiligkeit des aaronidischen Geschlechts zu scheuen. Möchte
man nicht glauben, er führe zum warnenden Beispiel die
Rotte Korachs an?

Es standen Vermessene wider ihn auf
Und waren eifersüchtig in der Wüste
. . . .
. . . .
Der Herr sah's und nicht gefiel es in seinen
Augen
Und sie wurden dahingerafft in Zornesgluth. —

Vielleicht wird die Anspielung Sirachs verständlich,
wenn man die Zeitgeschichte ein wenig zu Hilfe nimmt.
Sirach war jüngerer Zeitgenosse des Hohepriesters Simon II.
des Gerechten[1]), welcher im Jahre 198 starb und seinen Sohn
Onias III. als Nachfolger hinterliess. Onias' Amtsantritt
fiel in keine glückliche Zeit für Juda. Um die damals
herrschenden Parteiwirren und Bestrebungen gehörig würdigen zu können, ist es nöthig, etwas weiter in der Geschichte zurückzugreifen.

In dem letzten Drittel des 3. vorchr. Jahrhunderts
stand ein Mann politisch im Vordergrunde des judäischen
Gemeinwesens, der sich vermöge seiner gewandten Klugheit
und seiner Energie aus unbedeutender Stellung bis fast zum
anerkannten Führer nicht allein Palästinas, sondern ganz
Cölesyriens aufgeschwungen hatte. Es war dies der General-Steuerpächter Joseph, Sohn des Tobias, mütterlicher Seits
Enkel des Hohepriesters Simon I. Es war ihm gelungen,
die von dem alexandrinischen Hof an den Meistbietenden
versteigerte Steuerpacht über Cölesyrien zu erwerben und
22 Jahre lang in seinen Händen zu behalten.

---

[1]) s. Einleitung pag. 11.

Diese 22 Jahre[1]) genügten für ihn, sich gewaltige Reichthümer zu sammeln[2]) und durch seine Macht und seinen Einfluss eine ganze mächtige Partei zu gründen, welche später den Namen Tobiassöhne (oder Tobiaden)[3]) trug, sie genügten aber auch andererseits, um Judäa infolge des häufigen Verkehrs mit Griechenland und dem verderbten Hofe von Alexandria[4]) Gefallen finden zu lassen an griechischer Art und Sitte. Nach Josephs Tode entstand ein Zwiespalt zwischen seinen älteren Söhnen einerseits und Hyrkan andererseits, der obschon der jüngste, dennoch gestützt auf seine Gewandheit und seine Beliebtheit beim alexandrinischen Hofe auf die Nachfolgerschaft seines Vaters Ansprüche erhob.[5]) Es kam zu blutigen Auftritten, und zwei der älteren Brüder blieben im Kampfe. Dieser Ausgang muss wohl eine erbitterte Stimmung gegen Hyrkan erzeugt haben; denn er ward vom Hohepriester Simon dem Gerechten aus Jerusalem verbannt.[6]) Jetzt gelangte allmählich die Tobiadenpartei in Jerusalem zur gebieterischen Macht und mit ihr

---

[1]) Die genaue Fixirung dieser 22 Jahre macht nach der Darstellung des Josephus (Antiquitäten XII, 4, 1 ff.) nicht geringe Schwierigkeiten; Droysen und Mommsen setzen dieselben in das erste Drittel des zweiten Jahrhunderts; dagegen Stark (Gaza und die philistäische Küste pag. 412—417) mit besseren Gründen von 229—207; Graetz (Geschichte IIb. pag. 244 Anm.) von 230—208; Herzfeld (a. a. O. II pag. 212 ff.) von 227—205.

[2]) Josephus, Antiqu. XII, 4, 10.

[3]) Josephus, jüd. Krieg I, 1, 1; Antiqu. XII, 5, 1.

[4]) s. Stark a. a. O. pag. 394.

[5]) s. Josephus, Antiquitäten XII, 4, 6 ff.

[6]) Diese Vertreibung des Hyrcan durch Simon II. ist der Hauptgrund, welchen Graetz gegen die Annahme, dass er derselbe sei, der den Beinamen „der Gerechte" trage und im Talmud so sehr gefeiert werde, geltend macht (s. Geschichte IIb. pag. 236 Anm.; Monatsschrift 1872 pag. 61 f.). Allein erstens braucht es Simon darum noch nicht mit den Tobiassöhnen gehalten zu haben; verwandt war er ja mit Hyrcan ebenso wie mit ihnen; dann ist es nicht erwiesen, dass die Tobiaden zu seiner Zeit schon ausgeartet waren. Josephus berichtet dies erst von einer um 30 Jahre also ein Menschenalter später liegenden Zeit. Sonach sind es gar nicht die Söhne des Steuerpächters Joseph, sondern seine Enkel, von denen Josephus spricht.

das griechische Wesen. So lange der starke, angesehene Hohepriester Simon der Gerechte lebte, mochte sie sich wohl in erlaubten Schranken gehalten und Gesetz und Judenthum respektirt haben. Kaum aber hatte sein Nachfolger, der oben genannte Onias III. sein Amt angetreten, da begannen die Feindseligkeiten. Der Hohepriester sah sich genöthigt, die Zwietracht schürende Partei der Tobiaden aus Jerusalem zu verbannen. Was geschah? Ein gewisser Simon, Anhänger der hellenistischen Partei, liess dem syrischen König, Seleukus IV., die verrätherische Nachricht zukommen, Onias bewahre im Tempel ungeheure Schätze.[1]) Der stets geldbedürftige König von Syrien schickte einen Abgesandten nach Jerusalem, den Schatz zu heben; aber die Sache verlief resultatlos.[2]) Dennoch ruhte Simon nicht; es war darauf abgesehen, Onias aus seinem Amte zu verdrängen. Onias entschloss sich, selbst an den syrischen Hof zu reisen, um sich Ruhe zu verschaffen. Zu der Zeit hatte ein neuer syrischer Regent den Thron bestiegen, der mit blutiger Schrift seinen Namen in die Geschichte Israels eingraben sollte, Antiochus Epiphanes, und ihm schloss sich alsbald die hellenistische Partei der Tobiaden an.[3]) Der Einfluss dieser Partei in Jerusalem muss damals allmächtig gewesen sein; denn ein Glied der hohepriesterlichen Familie, Josua, oder Jason, wie er seinen Namen gräcisirte, der Bruder des Hohepriesters Onias, stand ihr nicht ferne. Mit einer grossen Geldsumme erkaufte er sich die Hohepriesterwürde; doch seines Amtes wurde er kaum froh, denn ohne Zweifel arbeitete und wühlte die Hellenistenpartei unaufhörlich, um ihn zu stürzen und mit ihm den hohepriesterlichen Stamm der Zadokiten.[4]) Sobald einmal die Würde käuflich war, nicht ein Erbe von Sohn auf Sohn, dann stand

---

[1]) 2. Makk. 3, 4 ff; anders Josephus, Antiquitäten XII, 5, 1 und jüd. Krieg I, 1, 1; vgl. dazu Graetz, Gesch. IIb. pag. 278 Anm.
[2]) s. Makk. 3, 14 bis Schluss.
[3]) 2. Makk. Cap. 4; Jos. Antiqu. XII, 5, 1.
[4]) 2. Makk. 4, 24.

sie ja jeglichem frei, und der Meistbietende konnte sie erwerben.

Ist jetzt Sirach verständlich? Ist jetzt seine Anspielung klar? Ist es nicht die Erblichkeit der Hohepriesterwürde von Sohn auf Sohn, die er so nachdrüklich betont? Hebt er nicht hervor, dass nur dem Aaron und seinem Samen die Würde gegeben ward, dass kein Fremder sich je mit des Hohepriesters Purpur schmückte? Nun liegt auch auf der Hand, warum er die Rotte Korachs erwähnt und wen er unter dieser Rotte versteht. Nun sind auch jene Verse Cap. 36, 7 ff. verständlich, die so oft missdeutet worden sind:

Warum ragt ein Tag vor dem andern hervor?
. . . .
. . . .
So sind alle Menschen aus Staub,
Aus Erde ward ja Adam geschaffen.
Doch in seiner Weisheit Fülle unterschied sie Gott
Und liess verschiedene Wege sie gehen:
Einige von ihnen segnete und erhöhte er,
Einige heiligte er und liess sie nahe kommen zu ihm,
Anderen fluchte er und erniedrigte sie
Und stürzte sie von ihrer Stelle
. . . .
. . . .
Böses und Gutes, Tod und Leben,
Also gegenüber steht der Fromme dem Sünder.

Wer noch zweifeln wollte, dass diese Stelle sich auf die Wirren der Zeit beziehe, der höre die Schlussworte dieses Capitels, wo Sirach plötzlich vom Thema abspringt und an seine Zeit sich wendet:

Höret mich, Grosse des Volkes,[1])
Merket auf, Vorsteher der Gemeinde.

---

[1]) Der vorhergehende Vers κατανοήσατε ὅτι οὐκ ἐμοὶ μόνῳ ἐκοπίασα ἀλλὰ πᾶσι τοῖς ζητοῦσι παιδείαν scheint aus 24, 34 an diese Stelle gerathen und stört sehr den Zusammenhang; im syrischen fehlt er.

Und ebenso am Schlusse des 45. Capitels, nachdem von Pinchas die Rede war:

Der Herr möge Weisheit giessen in euer Herz,
Dass in Gerechtigkeit ihr richtet sein Volk,
Auf dass nicht schwinde sein Glück
Und sein Glanz auf immer und ewig.[1])

Alle Stellen in Sirach, die auf die äussere politische Lage anspielen, lassen sich am besten und ungezwungensten von dieser Zeit verstehen. Man hat einige Sprüche auf die Zeit der Verfolgungen unter Antiochus beziehen wollen;[2]) aber viel besser passen dieselben für die oben geschilderte Periode. So die Aufforderung an die treu gebliebenen Gottesfürchtigen, nicht zu verzweifeln 2, 7 ff. und bis zum Tode für die Wahrheit zu kämpfen 4, 28. Andere Sprüche beziehen sich auf die gedrückte Stellung der jüdischen Nation, auf die Leiden, von welchen sie während der erbitterten Kämpfe zwischen Syrien und Alexandria heimgesucht wurde.

Seit der Schlacht bei Ipsus 301 war Palästina in unbestrittenem Besitz der Ptolemäer gewesen. Als aber im Jahre 222 in Alexandria der verweichlichte Schlemmer Ptolemäus Philopator, in Syrien ein Jahr früher der kriegslustige und kriegstüchtige Antiochus der Grosse den Thron bestieg, da ward Palästina Schauplatz erbitterter Kämpfe. Treffend vergleicht es Josephus einem sturmbewegten Schiffe, das von den Wellen bald nach dieser, bald nach jener Seite geschleudert wurde.[3]) Antiochus überschwemmte Palästina mit Truppen und eroberte alle Festungen; aber die erste Schlacht (bei Raphia 317) fiel ungünstig für ihn aus; das Land wurde wieder ägyptisch. Nach Philopators Tode (206, nach Stark 203) benutzte Antiochus, der sich mit

---

[1]) Die syrische Version hat מביל ברכו לאלהא דידה לבון חכמתא דלבא למדן ליתמה בשמה מטל דלא נתטא טובהון בשולטנהון לבלהון דרא דעלמא also eine Doxologie Sirachs.

[2]) s. Hitzig, Psalmen pag. 118 Anm.

[3]) Jos. Antiqu. XII, 3, 3; vgl. überhaupt Stark a. a. O. p. 388 ff.; Graetz, Gesch. II b. pag. 249 ff. u. 262 ff.

Philipp von Macedonien verbunden hatte, die Unmündigkeit des erst wenige Jahre alten Sohnes von Philopator, Ptolemäus Epiphanes, um auf's neue in Palästina einzudringen. Alle Städte, selbst Jerusalem, fielen ihm zu (203, 200 [?]). Im folgenden Jahre schon wurden die Syrer wiederum durch eine ägyptische Söldnerschaar unter Skopas aus ganz Palästina vertrieben, die Städte mit Sturm erobert, darunter auch Jerusalem, dessen Mauern und Tempel empfindlichen Schaden litten. Auf die Kunde hievon sammelte Antiochus ein starkes Heer und errang an den Quellen des Jordan einen blutigen Sieg über Skopas (200, 198 [?]). Palästina kam jetzt dauernd unter syrische Herrschaft, und Jerusalem musste eine syrische Besatzung aufnehmen.

Auf diese Verhältnisse spielt Sirach an und fleht Verderben herab auf das Haupt der Feinde, welche Israel misshandeln; in der Erinnerung an den alten Glanz und die Selbstständigkeit Judäas bittet er um Wiederherstellung derselben, um Erfüllung der Verheissungen Gottes an Israel:

33, 1. O Gott, Herr des Alls, erbarme dich unser und
schaue herab
Und schütte aus deinen Grimm gegen die Völker,
die dich nicht kennen.
Erhebe deine Hand gegen die fremden Nationen,
Dass sie schauen deine Macht.
Wie du vor ihren Augen dich uns als den Heiligen zeigst,
So zeige dich vor unsern Augen ihnen als den
Mächtigen,[1])
Und sie mögen dich erkennen, wie wir dich kennen,
Dass kein Gott ist, ausser dir.

---

[1]) So scheint der richtige Sinn des Verses (ὥσπερ ἐνώπιον αὐτῶν ἡγιάσθης ἐν ἡμῖν, οὕτως ἐνώπιον ἡμῶν μεγαλυνθείης ἐν αὐτοῖς); Fritzsche (z St.) meint: wie wir einst vor ihnen, so mögen sie jetzt vor uns büssen! Nein ἡγιάσθης und μεγαλυνθείης bilden einen schroffen Gegensatz. Die Peschito hat: במא דליניהון אתקדשת ב הבוא לעיני בנבא אתקדש(ת)בהם d. h. wie du vor ihren Augen durch uns geheiligt wardst, so müsstest du vor unsern Augen durch sie geheiligt (angebetet) werden.

Erneure die Zeichen, wiederhole die Wunder,
Zeige stark deine Hand und deine Rechte.
Rege auf die Wuth, schütte aus den Grimm,
Vernichte den Feind, vertilge den Hasser,
Lass nahen die Zeit und gedenke des Schwurs,
Auf dass man verkünde deine herrlichen Thaten[1]);
Durch deines Zornes Gluth möge verzehrt werden
der Flüchtende,
Untergang mögen finden, die dein Volk misshandeln,
Zerschmettere das Haupt den feindlichen Heerführern,
Die da reden: Nichts ist ausser uns.
Sammle alle Stämme Jakobs

36, 15. Und lass sie das Land besitzen, wie vor Alters.
Erbarme dich des Volkes, das nach deinem Namen
genannt ist,
Und Israels, zu dem du sprachst: Mein Erstgeborner bist du.
Nimm dich an Jerusalems deiner heiligen Stadt.
Der Stadt, wo deinen Thron du errichtetest.
Erfülle Zion mit deiner Herrlichkeit
Und den heiligen Tempel mit deiner Majestät.[2])
(vgl. 32, 18 u. 10, 8 ff.)

Noch zwei Stellen in Sirach, die ein besonderes Licht auf ihre Zeit werfen, verdienen nähere Besprechung. Die eine ist der Anfang des 50. Kapitels:

Gross unter seinen Stammgenossen, eine Krone
seines Volkes[3])

---

[1]) Der Syr. hat אבע קצה ומטא זבנא מטל דלית דנאמר לך מנא עבד אנת
Gekommen ist das Ende, genahet die Zeit; darum ist keiner, der dir sagen dürfte: was thust du!

[2]) Nach dem syrischen אקים (?) מלי ציהון מן רבותך ומן איקרך היכלך; סהדותא דאבריך איך דמן קדים; die Sept. hat: πλῆσον Σιών ἀρεταλογίας σου, καὶ ἀπὸ τῆς δόξης σου τὸν λαόν (ναόν?) σου.

[3]) Diese Worte, die im griechischen Texte fehlen, sind der syrischen Version entnommen: רב אחוהי ובלילא דעמה שמעון בר נתיא כהנא רבא. (נתיא ist vielleicht verschrieben für נחיא, im hebräischen נחיין; Geiger

War Simon, Sohn des Onias, der Hohepriester,
Der in seinem Leben das Gotteshaus ausbesserte
Und in seinen Tagen den Tempel erneuerte.¹)
Unter ihm ward der Grund gelegt zu der Höhe
    der Doppelhalle
In einem hohen Unterbau des Ringes um den
    Tempel,²)
In seinen Tagen ward gegossen ein Wasserbecken
    von Kupfer,
Wie eines Meeres sein Umfang.³)
Er sorgte für sein Volk vor Fall
Und befestigte die Stadt vor Belagerung.

Wann Tempel und Mauern zu Jerusalem so empfindlichen Schaden litten, dass deren Wiederherstellung dringend geboten war, ist oben schon berührt worden;⁴) ebenso der

---

meint, נחוניון und das palästinensische Onias seien verschmolzen zu נתנאל Z S der DMG pag. 541 Anm.). Ohne diesen Zusatz ist der Satz gar nicht vollständig, und die Erklärer sahen sich genöthigt, den Zusammenhang künstlich herzustellen. Fritzsche (z. St.) übersetzt: Simon war es, der . . .

¹) Darauf beziehen sich vielleicht die beiden Gedenktage Megillat Taanit Cap. 2 'בשבעה באייר חנוכת שור ירושלים und Cap. 12 בשיתא עשר ב' 'שריו למבנה שור ירושלים דלא למספד כ s. Cassel a. a. O. p. 30.

²) Diese Uebersetzung ist von Herzfeld (a. a. O. II p. 200). Der Vers ist ungemein schwer zu verstehen. Fritzsche (z. St.) führt fünf verschiedene Uebersetzungen an. Griechisch lautet der Vers: καὶ ὑπ' αὐτοῦ ἐθεμελιώθη ὕψος διπλῆς ἀνάλημμα ὑψηλὸν περιβόλου ἱεροῦ. Der Syrer hat einfach: ואתתסים שורא (ו) עטיתא ואת בנית הדרתא; das bietet keine Parallele. Das einfachste ist, zu διπλῆς zu ergänzen στοᾶς (vgl. Pesachim 13 b כפיל סטיו). Das würde auch mit den im Briefe des Antiochus erwähnten διπλαῖ στοαί übereinstimmen; s. dar. unten pag. 64; (vgl. Derenbourg a. a. p. 51.)

³) vgl. hiezu Graetz a. a. O. p. 238 u. Anm. 1. Der Zweck dieses Wasserbeckens war ein doppelter; einmal derselbe, dem im alten Tempel das eherne Meer gedient, s. 1. Kön. 7, 23 ff.; 2. Chron. 4, 2 ff.; 2. Mos. 30, 18 ff.; dann als Wasserreservoir für den Fall einer Belagerung.

⁴) s. oben pag. 61 u. 10; Graetz (Gesch. IIb. pag. 227 u. Monatsschrift 1857 pag. 47 Anm. 1) nimmt eine Zerstörung der Mauern zu Jerusalem unter Ptolemäus I. an; aber von keinem Berichterstatter wird

ums Jahr 200 erlassene Brief des Antiochus, in welchem von der Wiederherstellung die Rede ist. Dort heisst es: Ich will, dass die Arbeit an ihrem (der Juden) Tempel vollendet werde, die Säulengänge sowohl, als was sonst etwa auszuführen sein sollte; das Holz dazu soll ihnen aus Judäa und anderen Gegenden, auch vom Libanon ohne Zahlung dafür verabreicht werden; dasselbe geschehe mit allem, was sonst noch zum Ausbau des Heiligthums nothwendig sein sollte.[1])

Die zweite in Betracht kommende Stelle sind die zwei Verse 50, 25 u. 26:

Zwei Völker hasst meine Seele
Und das dritte — es ist gar kein Volk!
Die da wohnen im Gebirge Seïr,[2]) die Philister
Und das thörichte Volk,[3]) das in Sichem wohnet.

Der Hass war jedenfalls ein gegenseitiger. Edomiter (jetzt Idumäer genannt) und Philister waren die alten Erbfeinde Israels. Die Feindseligkeiten der Samaritaner datirten seit ihrem Ausschluss aus dem jüdischen Gemeinwesen durch Josua und Serubabel, und ewige Grenzstreitigkeiten (in jüngster Zeit auch das herrische Auftreten des Steuerpächters Joseph) sorgten dafür, dass die Zwietracht stets aufs neue angefacht wurde.[4]) Aus der oben citirten Stelle scheint

---

zu jener Zeit eine Zerstörung erwähnt (vgl. auch Graetz a. a. O. pag. 230 Anm. 1).

[1]) Josephus Antiqu. XII, 3, 3.

[2]) Die Septuaginta hat an dieser Stelle ἐν ὄρει Σαμαρείας, was entschieden falsch ist. Die Vulgata hat in monte Seïr, die Peschito יתבי נבל (was Bretschneider fälschlich für Ebal auffasst). Die richtige Erklärung s. bei Graetz a. a. O. pag. 269 Anm. 3; vgl. auch Fritzsche z. St.

[3]) Im griechischen Original ὁ λαός μωρός; dafür hat eine alte äthiopische Uebersetzung Ἀμωραῖος (s. Ewald, Zeitschrift der DMG I pag. 14); Ewald hält diese Lesart für die richtige; doch ist dies kaum wahrscheinlich; die Peschito hat auch עמא דשטיא das thörichte Volk; s. auch Fritzsche z. St.

[4]) s. Josephus, Antiquitäten XII, 4, 1; 1. Makk. 3, 10; dazu Graetz, (Monatsschrift 1857) pag. 51 f. und Anm. 6 u. 7.

hervorzugehen, dass zur Zeit, als Sirach diese Verse schrieb, diese Völker mächtiger und geehrter waren, als Israel.[1] Was Wunder auch? Sie opferten leichten Herzens ihre Volkseigenthümlichkeit und Religion dem Eindringen griechischer Sitte und Kultur, und hatten sich bald völlig gräcisirt.

---

[1] vgl. Ewald, Gesch. des Volkes Israel IV² pag. 316.

Gesellschaftliche Zustände und Stimmungen.

Jede Uebergangsperiode erzeugt scharf getrennte Parteien, deren Anfangs berechtigte Ansichten und Bestrebungen zuletzt in furchtbare Uebertriebenheiten ausarten. Das Volk spaltet sich in zwei feindselige Heereslager, in dem einen die alten, die sich schaaren um das Panier vaterländischer Sitte und Kultur, die nicht haarbreit davon weichen und in starrer Anhänglichkeit daran ganz übersehen, wie ihr Kreis immer enger, ihr Standpunkt immer isolirter wird, drüben im anderen Lager die neue Partei stürmend, umreissend und zerstörend, aufräumend mit dem alten Schutt: Nichts soll mehr übrig bleiben vom alten Bau; ein neuer glänzenderer soll sich erheben an dessen Statt; doch vergessen diese ganz zu untersuchen, ob auch der neue Bau zur alten Umgebung passt, ob zum Boden, auf dem er soll errichtet werden. Eine solche Uebergangsperiode schildert das siracidische Spruchbuch. Doch ist nicht zu verkennen, dass es sich meist nur gegen die Ausschreitungen und Laster der einen Partei richtet, deren Treiben dem jüdischen Gemeinwesen und der jüdischen Religion am gefährlichsten schien. Die Partei mag wohl stark gewesen sein, doch sicher stand der weitaus grösste Theil des Volkes nicht auf ihrem Standpunkte, sondern gehörte entweder der starr gesetzestreuen oder einer mittleren, gemässigten Partei an.[1]) Sirach will veredeln, will bessern, nicht die gesellschaftlichen Zustände seiner Zeit schildern, ebensowenig wie er die religiösen und politischen geschildert hat. Andeutungen hierüber finden sich vielfach in seinem Buche zerstreut; Ermahnungen dagegen und Strafreden, Warnungen und beissen-

---

[1]) s. Graetz a. a. O. pag. 373—375.

der Spott sind fast auf jeder Seite anzutreffen. Er kämpft mit allen Waffen, die ihm zu Gebote stehen, gegen die herrschenden Laster, er spricht unaufhörlich von Sündern und Uebermüthigen, von Schlemmern und Wollüstlingen, von Verläumdern und falschen Freunden, von Frömmlern und Heuchlern.[1]) Aber man muss stets festhalten, dass Sirach oft nur eine kleine Zahl im Auge hat. Wenn es hier auch einige Heuchler und Frömmler, dort auch viele Schlemmer, Wollüstlinge und Verläumder gab, so kann doch die grosse Masse des Volkes, dessen normale Zustände von Sirach unberührt bleiben, recht tugendhaft und sittlich gewesen sein. Es schien nöthig, diese Bemerkung vorauszuschicken, damit nicht das folgende Sittengemälde mit seinen grellen Farben die Augen blende und die falsche Vorstellung erwecke, die ganze Nation sei entartet gewesen und habe Israels alte Sitte und Religion abgeschworen.

Von der ersten Partei ist nur wenig die Rede. Einige Stellen deuten auf eine Partei überfrommer Asceten[2]) hin, die jede Freude sich versagten und anderen zu stören suchten (14, 11; 30, 21; 34, 31; 35, 3 ff.), die bei übertriebener Frömmigkeit oft einen bösen Kern im Herzen tragen (19, 23; 31, 25), die alles Gott anheimstellten und jedes menschliche Eingreifen in die Natur für Anmassung hielten (Cap. 38.) Darum erhebt Sirach seine warnende Stimme:

Der Herr schafft aus der Erde Heilmittel
Und ein Mann voll Einsicht verschmäht sie nicht.
. . . .
. . . .
Auch dem Arzte gib Raum, ihn schuf der Herr,

---

[1]) Nicht ausgeschlossen ist sogar, dass Sirach an vielen Stellen gar nicht auf seine Stammgenossen anspielt, sondern auf die heidnischen Völker, deren Gebahren er täglich vor Augen sah.

[2]) Ewald (a. a. O. pag. 317) glaubt, einige Stellen im Sirach seien gegen die Sadduzäer gerichtet; diese existirten damals aber noch gar nicht; s. Jost a. a. O. pag. 216 Anm.

Nicht weiche er von dir, denn seiner bedarf's,
Auch in der Aerzte Hand liegt oft Gedeihen.¹)
Unweit zahlreicher sind die Sprüche, in denen Sirach gegen die zweite Partei zu Felde zieht, in denen er ihre grenzenlose Ausschreitungen und Entartung mit mächtigen Hieben geisselt. An einer früheren Stelle ist schon von der Ueberwucherung des griechischen Elements in Palästina seit den Zeiten Josephs, des Tobias Sohn, die Rede gewesen.²) Josephs Steuerverwaltung brachte aber neben griechischem Wesen auch noch grosse Reichthümer in das Land und mit diesen die Mittel zum luxuriösen Leben, das man dem alexandrinischen Hofe abgelernt hatte.³) Die alte Einfachheit und Unbestechlichkeit, Sittenreinheit und Keuschheit räumte einer immer weiter um sich greifenden Schwelgerei und Unsittlichkeit den Platz. Eine falsche Scham bemächtigte sich der jüdischen Jünglinge und bald kam es so weit, dass sie sich des Gesetzes des Judenthums und ihrer Ehrlichkeit zu schämen anfingen. Dagegen eifert Sirach:

O Kinder, die Lehre haltet in Frieden,
Verborgene Weisheit und unsichtbarer Schatz,
Was haben beide für Werth?
Besser, ein Mensch, der seine Thorheit verbirgt,
Als ein Mensch, der seine Weisheit verbirgt.
Drum schämt euch dessen, was ich euch sage,
Denn nicht jede Scham zu beobachten ist gut,
Und nicht wird von jedem jedes in Wahrheit geachtet.
Schämt euch vor Vater und Mutter der Buhlerei,
Der Lüge vor Königen und Fürsten
Und vor Richtern und Obern des Vergehens,
Des Diebstahls vor Nachbarn,
Schäme dich des Fluches durch Gott und den Bund.

---

¹) Zu dieser St. vgl. die schönen Bemerkungen von Dukes a. a. O. pag. 26—30; s. auch Graetz, Schir ha-schirim p. 86 Anm.
²) s. o. pag. 57.
³) s. Josephus, Antiquit. XII, 4, 10; dazu Graetz, Schir ha-schirim. pag. 83 ff.

. . . .
Doch dieser Dinge schäme dich nicht:
Nimm auf keinen Rücksicht, um zu sündigen,
Des Gottesgesetzes und Bundes schäme dich nicht[1])
u. s. w. vgl. 4, 21 ff.

Auf die Verdorbenheit der Jugend beiderlei Geschlechtes werfen folgende Stellen ein schreckliches Licht.

16, 1. Wünsche dir keine Masse gottloser Kinder,
Freu' dich nicht über gottlose Söhne.
. . . .
. . . .
Besser ist eius als tausend
Und kinderlos sterben, als gottlose Kinder haben.
. . . .
Viel dergleichen hab' ich gesehen mit Augen
Und noch Aergeres hat vernommen mein Ohr.

oder:

41, 5. Verabscheuungswürdig sind der Gottlosen Kinder,
Sie halten in der Gottlosen Sitz sich auf.
. . . .
. . . .
Weh' euch, ihr Gottlosen, die ihr verliesset
Des Ewigen Gesetz u. s. w. vgl. 23, 3 ff., 7, 23 ff., 42, 9 ff.

Von der Unsittlichkeit und Entartung des ehelichen Verhältnisses, von Tänzerinnen beim Mahle und Buhldirnen handeln viele Stellen 7, 26; 9, 1 ff.; 25, 2; 33, 16 ff.; 36, 9 ff.; von Schwelgerei 34, 12 ff. 25 ff.; 35, 7 ff.; von Bestechlichkeit 8, 14; 40, 12; von Verrath und Verläumdung und Be-

---

[1]) Der Zusammenhang dieser Verse ist einfach: Ihr jüdischen Jünglinge habt die höchste, die offenbarte Weisheit; diese Lehre haltet in Frieden; was nützt euch fremde trügerische Weisheit, dass ihr die eurige, die wahre verbergen wolltet, dass ihr euch ihrer schämt? Ihrer schämt euch nicht, sondern . . . Gar nicht zu verstehen ist die Erklärung von Fritzsche (z. St.); sehr abweichend ist der Syrer.

trug 37, 1 ff.; 7, 1 ff.; 28, 12 ff.; 27, 1 ff.; 51, 2 ff.; von falschen Freunden, welche zuerst in kriechender Demuth die Hände küssen und hinterher den Kopf schütteln und in die Hände klatschen, welche vom Glücke erzeugt, vom Unglück verscheucht werden 12, 8 ff.; 19, 13 ff.; 27, 17 ff.; 37, 1 ff. u. s. w. Die oben geschilderte Parteiung hatte noch andere sociale Schäden im Gefolge. Alle Standesunterschiede traten schroffer auf, alle Verschiedenheiten der Lebensweise und de Anschauung schärften sich zu. Arm und Reich, Vornehm und Gering, Weise und Ungebildet, Mächtig und Niedrig, sind Benennungen für Menschenklassen, die einander entgegenstehen wie Wolf und Lamm:

13, 17. Welche Gemeinschaft hat der Wolf mit dem Lamm?
So der Sünder mit dem Frommen.
Welchen Frieden hält Hyäne und Hund?
Welchen der Reiche und der Arme?
Des Löwen Beute sind Waldesel in der Wüste,
So sind der Reichen Trift die Armen u. s. w.

Man vergleiche noch folgende Sprüche:

13, 2. Eine Last, die dir zu schwer, hebe nicht auf,
So gehe nicht um mit einem, der stärker und reicher.
Was hat der Topf mit dem Kessel gemein?
Der eine stösst an, der andere zerbricht.
Der Reiche thut Unrecht und brummt noch,
Der Arme leidet Unrecht und bittet noch,
Kannst du ihm dienlich sein, so nützt er dich,
Hast du Mangel, so lässt er dich.[1])
. . . .
. . . .
Ruft dich ein Mächtiger, zieh dich zurück.

8, 1. Streite nicht mit einem Mächtigen,
Sonst möchtest du in seine Hände fallen,
Processire nicht mit einem Reichen,
Sonst möchte er sein Geld gegen dich ins Gewicht legen (vgl. 7, 4—6).

---
¹) vgl. Aboth 2, 4.

Während bis zur Zeit des Eindringens griechischer Anschauungen und Sitten fast ganz Judäa in ackerbauendes und viehzuchttreibendes Volk war,[1]) scheint dies nun ein anderes geworden zu sein. Der Grieche hielt es für eines freien Mannes unwürdig, das Feld zu bebauen und überliess diese Arbeit den Sklaven. Das haben sich wohl die alles griechische Wesen nachäffenden Emporkömmlinge Judäas gemerkt, wie aus folgenden interessanten Versen hervorgeht:

7, 15. Hasse nicht die mühselige Feldarbeit
Und den Landbau, der vom Höchsten angeordnet ward.[2])
Nicht zähle dich zu der Sünder Menge!
Sei eingedenk, dass die Strafe nicht zögert.
Unterwirf dich in tiefster Demuth,
Denn des Sünders Strafe ist Feuer und Wurm.

Diese „Sünder" und „Hochmüthigen" mögen nach griechischer Art auch hart und unmenschlich gegen ihre Sklaven gewesen sein; darum fährt Sirach gleich darauf also fort:

Misshandle nicht den Sklaven, der treu arbeitet,
Und nicht den Arbeiter, der sich hingibt.[3])
Liebe den einsichtigen Sklaven
Und die Freilassung mögest du ihm nicht vorenthalten.

Noch gehört der folgende Vers hierher:
Hast du Viehstand, so sorge für ihn,
Ist er dir nützlich, so behalte ihn ja!

So sehr nun Sirach auch eifert gegen griechische Laster und Sittenverderbniss, so verkannte er auf der andern Seite

---

[1]) vgl. den Aristeasbrief, der in diese oder die kurz darauf folgende Zeit zu verlegen ist; s. Freudenthal, hell. Studien p. 125. (Graetz, Schir ha-schirim pag. 83; M S 1872 p. 52.)

[2]) Fehlt in der Peschito; vgl. 20, 28 ὁ ἐργαζόμενος γῆν ἀνυψώσει θημωνίαν αὐτοῦ; auch dieser Halbvers fehlt in der Peschito.

[3]) Dieser Ausdruck griechisch μίσθιον διδόντα ψυχὴν αὐτοῦ scheint entlehnt aus 5. Mos. 24, 15 ואליו הוא נשא נפשו. Der Syrer hat אגירא דמעמל נפשה zur Sache vgl. 30, 34 bis Ende des Cap.

doch nicht, was die griechische Kultur dem Lande gutes
brachte. Er ist eingenommen für Musik beim Mahle und
für fröhliche Geselligkeit:

35, 1. Hat man dich zum Vorsitzenden beim Gelage bestimmt,
So sei unter den Gästen wie ihresgleichen:
. . . .
. . . .
Sprich nur weise und bedachtsam, o Alter, wie's
recht ist,
Aber der Musik sei nicht hinderlich,[1])
Wo man dieser znhört, da rede nicht
Und zeige dich nicht weise zur Unzeit,
Wie ein Siegelring mit Edelstein bei goldnem Schmuck,
So ist Musik beim Weingelage;
Wie goldner Siegelring mit Smaragden,
So ist Concert beim süssen Weine (vgl. 44, 5;
40, 20 ff.)

Er hat kein Wort des Tadels gegen die schönen Künste
und Handwerke, welche die griechische Kultur brachte,
gegen die, welche Gravuren auf Siegelringe eingraben und
sich mit Bildhauerkunst und Malerei beschäftigen,[2]) „alle
solche Leute vertrauen auf ihre Hände und jeder hat Einsicht bei seinem Geschäft; keine Stadt wird gebaut ohne
sie" (35, 31). An derselben Stelle wird auch des Maurers
und Zimmermanns und Schmiedes und Töpfers gedacht. Aber
der ganze Passus hat eigentlich nur den Zweck, diese Handwerksleute und Künstler einem andern Stande gegenüberzustellen, welcher vor nicht gar zu langer Zeit erst ins
Leben getreten war und schon solche Bedeutung und solchen
Einfluss gewonnen hatte, dass Sirach nicht Worte genug
finden kann, ihn würdig hervorzuheben und zu preisen. Es

---

[1]) Von hier ab bis zum Schluss fehlt im syrischen; dafür ist der im
vorigen Verse ausgesprochene Gedanke weiter ausgesponnen.

[2]) Sir. 12, 11 findet sich ein Spiegel (aus polirtem Metall) erwähnt,
ἔσοπτρον in der Septuag. s. Fritzsche z. St.

war dies der Stand der Soferim,[1]) der Schriftkundigen oder Weisen, „der Führer des Volkes in Rath und Einsicht, der Lehrer des Volkes, weise in Worten bei ihrer Belehrung" (44, 4). Ein ganz neuer besonderer Stand war mit ihnen aufgekommen, dessen ganze Thätigkeit in Auslegung und Deutung des Gesetzes und im Unterricht der Jugend bestand; der Unterricht war unentgeltlich[2]) (Sir. 51, 23 ff.); denn das Streben dieser Männer ging darauf hinaus, möglichst viele Schüler zu gewinnen.[3]) Die Stelle bei Sirach lautet:

> Erst zur rechten Mussezeit kommt des Schriftgelehrten Weisheit,
> Und der sonst keine Geschäfte treibt, wird weise.
> Wie mag der weise werden, der hinter dem Pflug geht,
> Wie der, welcher des Ochsenstachels sich rühmt?[4])

Nun spricht Sirach in der oben erwähnten Weise von der Beschäftigung der Handwerker und Künstler; alle diese aber, fährt er fort, alle diese

> Im Volke, wenn es Rath hält, werden sie nicht gesucht,
> In Versammlungen thun sie sich nicht hervor,
> Auf dem Richterstuhle sitzen sie nicht,
> Und den Rechtsbund verstehen sie nicht.
> Dagegen wer seinen Sinn darauf richtet
> Und nachdenkt über des Ewigen Gesetz,

---

[1]) vgl. über dieselben Graetz, Gesch. II b. pag. 182 ff.; Ewald, Gesch IV² pag. 304; Frankel, über alexandrinische und palästinensische Schriftforschung p. 6; Herzfeld, Gesch. III. p. 31.

[2]) vgl. Aboth 1, 3; 4, 2 (שכר מציה מצוה); interessant ist folgende Stelle in Bechoroth 29 a: In der Mischna heisst es: הנוטל שכרו לדון דיניו בטילין etc.; darauf frägt die Gemara: מנהני מילי אמר רב יהודה אמר רב דאמר קרא ראה למדתי אתכם וגו' מה אני בחנם אף אתם בחנם תני' נמי הכי כאשר צוני ה' אלהי מה אני בחנם אף אתם בחנם ומנין שאם לא מצא בחנם שילמד בשכר תלמוד לומר אמת קנה ומנין שלא יאמר כשם שלמדתיה בשכר כך אלמדנה בשכר ת״ל אמת קנה ואל תמכור.

[3]) vgl. Aboth 1, 1.

[4]) vgl. Aboth 4, 12 רבי מאיר אימר הוי ממעט בעסק ועסק בתורה dagegen 2, 2 רבן גמליאל בנו של רבי יהודה הנשיא אומר יפה תלמוד תורה עם דרך ארץ שיגיעת שניהם משכחת עון.

Vor Grossen dienet er,
Erscheinet vor Fürsten. —
Viele werden seinen Ruhm verkünden
Und in Ewigkeit bestehet sein Name,[1])
Sein Andenken lebt auf ewig fort,
Sein Gedächtniss von Geschlecht auf Geschlecht.
Völker werden preisen seine Weisheit,
In der Gemeinde Mitte wird erzählt von seinem Lob.
Von tausend wird er verherrlicht beim Leben
Und ewiger Nachruhm erblüht ihm nach dem Tode.
Vielleicht mag Sirach darum diesen Stand so hoch erhoben haben, weil er Anfangs mancherlei Anfechtungen ausgesetzt war. Die Kleingewerbtreibenden, die Bauern und Handwerker, die alle bloss körperliche Arbeit kannten und zu schätzen wussten, haben wohl mit scheelem Auge auf diese nur still geschäftige Klasse hingesehen, welche durch ihr geistiges Uebergewicht bald alle Ehrenstellen und die Führerschaft über das Volk erlangte. Was gab ihnen hierzu das Recht? Waren sie Propheten, die in gewaltigen Reden voll glühender Begeisterung das Volk hinrissen, waren sie Priester, denen ihre Abkunft schon den Adelsbrief mitgab? — Nichts von beiden; aber sie waren die Nachfolger der alten Propheten, sie waren die Vorläufer der späteren grossen Lehrer in Israel, und ihre stille Geistesarbeit hat den festen Untergrund gelegt, auf dem spätere Geschlechter einen Bau errichten konnten, der allen Stürmen und Wettern der Zeit Trotz zu bieten vermochte.

---

[1]) Hier und beim letzten Verse ist die Peschito benutzt, die viel bessere Lesarten hat. Nach der Septuaginta lautet die Uebersetzung: Seine Einsicht werden viele loben, bis in Ewigkeit wird er nicht vergehen, wenn er alt wird, wird er einen grösseren Namen hinterlassen, als tausend, und legt er sich zur Ruhe, so vergrössert sich dieser. — Das: letzte heisst syrisch: אן נצבא באלף נשתבח; im hebr. Original stand wohl מהלל באלף; das übersetzt der Grieche ἢ χίλιοι.

Vita.

Natus sum Caesar Seligmann, Landaviae in oppido Palatii die XIV. mensis Decembris anni h. s. LX. patre Mose, matre Eleonora e gente Neugass; matrem dilectissimam, praematura morte mihi ereptam, lugubri animo desidero. Patrem carissimum, ut mihi usque ad summam senectutem salvum et incolumem servet Deum O M rogo atque oro.

Primis litterarum elementis in seminarii schola Luthra Caesarensi imbutus anno h. s. LXXI ejusdem oppidi gymnasium adii, ubi anno LXIX maturitatis examen absolvi. Auctumno ejusdem anni universitatis Monachiensis Maximilianeae civibus adscriptus per tria semestria scholis interfui, quas habuerunt viri illustrissimi Bernays, Breymann, Bursian, Carriere, de Christ, Hofmann, de Prantl, de Riehl. Inde Vratislaviam me contuli, ubi per quattuor semestria disserentes audivi viros ill. Caro, Freudenthal, Grätz, Praetorius, Roepell, Schultz, Vischer, Weber. Simul in seminarium judaico-theologicum receptus sum, institutione patris mei satis praeparatus. Seminarii sodalibus etiam nunc adnumeror. Scholis interfui virorum ill. Freudenthal, Grätz, Joël, Rosin, Lewy, Zuckermann.

Praeceptoribus meis omnibus gratias habeo semperque habebo quam maximas.